科学家的故事

②

中国科学院老科学技术工作者协会

科学出版社

北京

内 容 简 介

中国科学院科学大家云集，他们各有学科专长，在探索自然中展示出多样风采，取得了太多骄人的成果，为人类认识自然、改天换地做出了特殊贡献。在经年累月地向科学进军的征途中，在日转星移的生活岁月里，既有他们唱出的轰轰烈烈的史诗般的歌声，也有趣味盎然的普通人的生活故事。

本书适合大众读者阅读，特别是科研工作者、科技管理者、学校师生等读者，会有更多共鸣和启发。

图书在版编目（CIP）数据

科学家的故事. 2 / 中国科学院老科学技术工作者协会主编. --北京：科学出版社, 2025. 5. -- ISBN 978-7-03-081860-7

Ⅰ. K826.1

中国国家版本馆 CIP 数据核字第 2025BV9408 号

责任编辑：侯俊琳　刘　琦 / 责任校对：张小霞
责任印制：师艳茹 / 封面设计：有道文化

科 学 出 版 社 出版
北京东黄城根北街 16 号
邮政编码：100717
http://www.sciencep.com
北京建宏印刷有限公司印刷
科学出版社发行　各地新华书店经销
＊
2025 年 5 月第 一 版　开本：720×1000　1/16
2025 年 5 月第一次印刷　印张：10 1/4
字数：159 000

定价：58.00 元
（如有印装质量问题，我社负责调换）

序

　　说到科学家，人们首先想到的可能是来自欧洲的亚里士多德、伽利略、牛顿、爱因斯坦等。其实，中国古代不同的历史时期也有很出色的科学家。比如，战国时期的墨子研究了"小孔成像"，这是个光学问题；北宋的沈括研究了不同形式的指南针，这是个磁学问题；与伽利略同时代、生活在明朝末年的宋应星，是当时各类先进生产技术的集大成者，他明确主张对事物的考察要用"试见"和"试验"的方法，这已经接近现代科学研究方法的"萌芽"了。

　　然而，中国自明末以后，封建社会的故步自封束缚了中国科学不断腾飞的翅膀，使得中国科学的发展赶不上世界的潮头。好在以徐光启为代表的一代科学家把在欧洲快速发展的现代科学引进中国，并不遗余力地开启中国现代科学的肇端。此后，一代代中国的学人以其顽强的奋斗和不懈的努力，不断破除知识的迷雾，开启科学的启蒙和教化。

　　新中国成立后，科学事业终于展开了腾飞的翅膀。一大批在国外学成后回归的知识精英，以他们不懈的努力奠定了中国现代科学坚实的基础，成就了中国现代科学发展的伟业，"两弹一星"就是其中的惊世壮举。而新中国自己培养的千千万万科学家，也绝非等闲之辈，其中涌现了许许多多做出惊天伟业的佼佼者：袁隆平的杂交水稻技术帮助解决了亿万人的吃饭问题，屠呦呦研发提取的青蒿素拯救了数百万人的生命，众多大国工匠在 960 万平方公里的国土上成就了一项项世界顶尖的宏图大业。

　　在中国的科研院所、大专院校的实验室中，在空气稀薄的高原、人迹罕至的沙漠，在大洋深处、万米高空，数以万计的科学家默默无闻、兢兢业业地工作着。他们是一批不畏艰险、在自然探险和科学研究的崎岖道路上勇敢探索的人，是一批为了崇高的目标耗尽青春、贡献毕生的人，是一批忘我无私、甘于奉献的人。

中国科学院科学大家云集，其中不乏中国科学家的杰出代表，这当中有院士、教授、研究员，也有在某些科学技术研究方向上有突出专长、卓有成效的科研人员，以及在自然科学、人文科学方面文理兼通，对客观外在世界阐释精当、内在感悟深刻的科学大家。正是他们撑起了祖国宏伟的科学大厦，人们不会忘记他们，历史也不会忘记他们。

人们常说，"伟大"寓于"平凡"之中。

如果我们仔细品味这些在科学事业中奋斗终生的科学家的人生轨迹，一定会发现他们各有专长，在探索自然中展示出别样的风采，取得了太多骄人的成果，为人类认识自然、改天换地做出了特殊的贡献。在经年累月地向科学进军的征程中，在日转星移的生活岁月里，既有他们唱出的轰轰烈烈的史诗般的歌声，也有趣味盎然的普通人的生活故事。他们各具特色的引人入胜的故事，感动着人们，拓展着人们的视野，激励着人们奋进。这么好的故事，难道不应该被发掘整理出来，给广大的读者以启迪、感召和鼓舞吗？本书就是想完成这样一件有意义的事情。

为此，中国科学院老科学技术工作者协会出版委发起倡议，请全院有写作能力，也愿意参与这一写作的退休老科技工作者们，都来写自己身边熟悉的科学家，写他们胸怀国家、立志奉献的情怀；写他们踏实努力、兢兢业业的科学精神；写他们为探索宇宙、自然，孜孜以求、不断奋斗的作风；写他们对客观世界运行的哲理思辨和感悟人生的人文情怀；也写他们潜心埋首科研项目又热情洋溢地爱他人、爱生活的点点滴滴，以及一切可资抒写和值得分享的科学家的故事。

在中国科学院离退休干部工作局的支持和中国科学院老科学技术工作者协会的领导下，经过中国科学院院属几十个研究所和单位的老科学家们的共同努力，这样一个集众多人智慧和情感的结晶，现在终于呈现给读者们。希望读者通过一个个感人的故事领悟出其中的人文情怀，从中感受到中国科学家的情怀，体认中国科学家的伟大与平凡。

罗保林　赵复垣

（中国科学院过程工程研究所、中国科学院国家天文台总部）

目　　录

笺木释草　快意人生

——记著名植物分类学家王文采院士

张志耘

（中国科学院植物研究所）

　　有这样一位老科学家，他在右眼失明、左眼视物模糊的情况下，仍笔耕不辍，借助放大镜，年复一年、日复一日地忘我工作。他仅在生命的最后 10 年中，就发表了 77 篇共计 150 多万字的科研论文，用对植物学研究的挚爱和为祖国科学事业的奉献精神谱写了不平凡的一生。2022 年 11 月 16 日，96 岁高龄的他与世长辞。他就是著名植物分类学家、中国植物分类学和植物地理学领域的引领者之一、中国科学院院士、中国科学院植物研究所研究员王文采先生。

王文采 90 岁寿辰于寓所留影

幸遇恩师，潜心钻研，成一代名家

　　王文采院士是山东掖县（今莱州市）人，1926 年 6 月 5 日出生于济南，他的一生先后经历了军阀混战末期、抗日战争、解放战争、新中国成立、反右派斗争、"文化大革命"等，以及后来的改革开放和"科学的春天"等历史时期。用他自己的话来说："能平安渡过种种战乱、动荡，活到九十多岁，算是幸运了。"

　　王文采说，如果说自己取得了一定的成绩，那是和两位好老师分不开的。一位是著名植物分类学家林镕教授。1947 年，他在北平师范学院（今北京师范大学）生物学系读三年级，当时植物分类学一课由从法国归来的北平研究院植物学研究所林镕教授讲授。林教授学识渊博，教学经验丰富，每讲解一种植物时，都会拿出该科代表植物的标本给学生展示。林教授还擅长植物学绘图，讲课时把有关植物的花、果等重要特征画在黑板上，这种生动的教学方式很容易调动学生的学习兴趣。1948 年 5 月初，全班同学到北京玉泉山野外实习，林教授遇见开花的紫花地丁（*Viola philippica*）和蒲公英（*Taraxacum mongolicum*）等常见植物，就顺手采集下来，为学生讲解这些植物的花的结构，从一朵花的形态，讲到一个科一个属的植物的特征。这次野外实习给王文采留下了深刻印象。王文采年少时曾学习绘画，已有一定造诣，但他对植物的兴趣更浓。王文采对花的变化以及各种花结构之间存在的关系非常好奇，同时也特别佩服林教授的博学多识。暑假期间，林教授又带学生去了天坛公园和香山地区实习。王文采并不满足于此，他和一位同学在课余自行前往北京八达岭、南口镇、门头沟和西山等地去观察不同植物的花。一路下来，王文采攒了好几箱标本，也手绘了很多植物解剖形态图。没有正规的解剖刀片和针，他就用刮胡子的刀片对植物进行解剖；没有可以鉴定植物的参考书，王文采就常去家住西直门附近的林镕教授的家里请教。慢慢地，他掌握了很多植物科、属的特征，对植物分类学产生了越来越浓厚的兴趣。他的宿舍里摆满了植物标本，他随时翻看琢磨，用解剖镜仔细观察花的结构。从此，他"植物迷"的名号就闻名遐迩了。

　　如果说是学识渊博、讲课生动的林镕教授把王文采领进了植物分类学的大门，那么，中国植物分类学的奠基人，著名植物学家和教育家胡先骕教授则是将他引入植物研究深处的第二位恩师。1949年，王文采以全班第一的优异学习成绩从北京师范大学毕业后留校任教，担任动物分类学、生物切片技术和普通生物学三门课程的助教。同年，胡先骕从江西返回北京并担任北京师范大学的兼职教授，他的助教是王文采的师兄王富全。王富全热心地向胡教授介绍了对植物分类学很感兴趣的王文采。1949年冬天的一天，胡教授找到王文采，对他说：听说你对植物分类学很感兴趣，你帮我编一本《中国植物图鉴》怎么样？此前，王文采只是慕名胡先骕，与他未曾有过接触。对于这份突如其来的信任和器重，王文采既惊又喜，想到如果自己参加编写工作，能做自己喜爱的植物学研究，今后就可以常去规模更大的静生生物调查所学习和看标本，就有机会经常聆听名满学界的胡教授等先生的教诲，当即就满口答应下来。后来，王文采回忆此事，觉得自己当时胆子够大，或者说是鲁莽，自己对植物学拉丁文、《国际植物命名法规》以及中外植物分类学文献全都不懂，仅凭着在课堂上学到的一点植物分类学知识，竟敢接受这样的任务。但后来的事实证明了胡先骕为中国植物学发展而拔擢英才的卓越眼光。

1949年11月，中国科学院在北京正式成立。1950年2月，静生生物调查所和北平研究院植物学研究所合并，成立了中国科学院植物分类研究所（今中国科学院植物研究所，简称植物所）。一天，惜才心切的胡教授又把王文采找去，说要介绍他到新成立的植物研究所工作。这对王文采来说真是福从天降。1950年3月，在胡教授的极力推荐下，未满24岁的王文采从北京师范大学正式调到了"大腕儿"荟萃的中国科学院植物分类研究所，也让他避开了自己最不善于面对的复杂的人际环境。从此，王文采将自己的爱好变成终身从事的职业，将个人的志向和国家的需求结合起来，将个人的命运与国家的植物分类学事业紧密联系在一起，释放出无尽的能量。

对植物分类学研究的主要工作内容是志书编研、植物类群的修订和专著性编研等，具体包括文献考证、植物命名、标本采集和鉴定及其数字化管理等多方面内容。利用分类学研究编研《中国植物志》，可以了解我国植物物种的数量、分布和用途，查明我国植物资源家底，还可以为植物类群的生物学特性和亲缘关系等后续研究奠定基础，为自然保护区规划和国家植物红色名录编纂等工作提供重要资料。

20 世纪 20 年代后，胡先骕等有识之士即开始酝酿由中国植物学家独立编写《中国植物志》。无奈受当时国内形势和条件所限未能实施，这个设想只有在新中国成立后才被提到国家议事日程上。1950 年 8 月，中国科学院在北京召开全国植物分类学工作会议，正式提出了编研《中国植物志》的目标。1956 年，中国科学院在面向全国的《1956—1967 年科学技术发展远景规划纲要（修正草案）》中，正式将编纂《中国植物志》列为生物系统分类子课题之一。1959 年 9 月 7 日，中国科学院批准成立《中国植物志》编辑委员会。20 世纪 50 年代，为了积累编志经验，植物所和其他一些研究机构开始编写并出版了一系列重要的植物学著作。植物所主持编写了《中国主要植物图说》，王文采先后承担了其中豆科（Fabaceae）、山龙眼科（Proteaceae）、毛茛科（Ranunculaceae）和桑科（Moraceae）的大属——榕属（Ficus）等类群的编写任务。1955 年，他发表了第一篇分类学论文——《中国山龙眼属和假山龙眼属的二属的修订》，自此走上了分类学研究之路。

20 世纪 60 年代初，中国科学院号召科研要为国家的经济建设做贡献。为了满足全国各地的教学、科研和生产工作中需要鉴定的大量植物标本的迫切需求，由植物所牵头组织主持的《中国高等植物图鉴》（简称《图鉴》）编研项目于 1965 年启动，至 1983 年完成《图鉴》各分册及《中国高等植物科属检索表》全套书共 8 册的出版。王文采主持并参加了这项科研工作。1971 年初，他带领同事和助手们完成了《图鉴》第一册和第二册的稿子后，当时负责出版这两本书的出版社的大部分工作人员都被下放到湖南，没有专业人员进行稿件校对。为了尽快出版书籍，王文采独挑重担，从那年春季到国庆节，他在位于北京通县的一家印刷厂的简陋住房里默默工作了半年多，圆满完成了这两本书共 2000 多页的校对，这两本书才得以在 1972 年顺利出版发行。在《图鉴》编研工作中，王文采主要承担荨麻科（Urticaceae）、山龙眼科、毛茛科、罂粟科（Papaveraceae）、虎耳草科（Saxifragaceae）、牻牛儿苗科（Geraniaceae）、葡萄科（Vitaceae）、紫草科（Boraginaceae）和苦苣苔科（Gesneriaceae）等十余科植物的编研工作，为他后来深入研究这些类群奠定了良好的基础。在随后几十年的研究生涯中，王文采坚持以任务带学科的宗旨，只要是工作需要，或没有人员愿意承担的科属，哪怕是从来没接触过的类群，他都照做不误，而且兴趣盎然。例如，他还研究过裸子植物的柏科（Cupressaceae），被子植物的番荔枝科（Annonaceae）、樟科（Lauraceae）、肉豆蔻科（Myristicaceae）、十字花科（Brassicaceae）、豆科6个属、唇形科（Lamiaceae）青兰属（*Dracocephalum*）等类群，另外，还协助秦仁昌先生研究过蕨类植物，而这些都不是王文采最擅长的类群。

1987年，王文采、汤彦承及其研究集体编研的《图鉴》及《中国高等植物科属检索表》荣获国家自然科学奖一等奖。该套书图文并茂，共1057万字，9082幅描绘植物主要鉴别性状的插图，记载了我国常见的、有经济价值的近万种高等植物，是认识和鉴定我国高等植物的第一部较全面的工具书。这套书出版后应广大读者要求已多次重印。《图鉴》不但满足了当时全国农林牧和药等领域对常见植物鉴定的需求，而且对我国国民经济建设、科学研究和教学都起到了重要的指导作用。世界著名植物分类学家、英国的V. H. 海吾德（V. H. Heywood）先生看到《图鉴》后向学术界发言：《图鉴》为植物分类学做了重要贡献。

《中国高等植物图鉴》及《中国高等植物科属检索表》获奖证书

"《中国植物志》的编研"项目
获奖证书

　　2009 年,王文采作为 10 位主要完成人之一的"《中国植物志》的编研"项目荣获国家自然科学奖一等奖。《中国植物志》共 80 卷 126 册,是目前世界上最大型、包含植物种类最多的植物学巨著,其编研和出版凝聚了我国四代科学家的心血,全球植物学界都为之震惊。王文采承担并完成了荨麻科楼梯草属(*Elatostema*)等 7 属 206 种,毛茛科乌头属(*Aconitum*)等 15 属 439 种[发现 1 新属:毛茛莲花属(*Metanemone*)];紫草科微孔草属(*Microula*)29 种[发现 2 新属:皿果草属(*Omphalotrigonotis*)和星果草属(*Asteropyrum*)];苦苣苔科 34 属 254 种[发现辐花苣苔属(*Thamnocharis*)等 15 个新属]的编研工作。

《中国植物志》部分作者合影[王文采(第一排左五)、张志耘(第二排左七)]

　　长期以来，王文采潜心钻研，对上述有重要科学意义和经济价值的植物类群进行了深入研究，澄清了不少长期遗留下来的错误鉴定和混乱名称，发表了大量新分类群及其中国分布的论文。大家称王文采是植物分类学界著名的"微雕大师"，是因为他特别注重植物的形态观察和解剖。荨麻科的花果很小，雌雄异株，常需要对标本进行配对，是植物分类学中研究难度极大的类群。据植物所李振宇研究员统计，该科的楼梯草属在全世界分布约 530 种，其中中国有 310 种，大部分是王文采发现和发表的新种。2014 年，王文采出版的学术著作《中国楼梯草属植物》里的 304 种植物都附有其形态特征的图版。他在每项成果背后付出的大量心血和对待科研工作一丝不苟的态度可见一斑。此外，他对一些重要且研究难度大的分类群，如乌头属、翠雀属（Delphinium）、唐松草属（Thalictrum）、毛茛属（Ranunculus）、微孔草属（Microula）和苎麻属（Boehmeria）等，进行了深入系统的分类学修订，发表了一系列相关论文，其中有 8 篇论文是应美、英专家的邀请分别在美、英著名学术刊物上发表的。

　　王文采的一生都与植物研究融为一体。85 岁高龄之后，他对植物分类学研究的兴趣丝毫没有减退，坚持每周两天搭乘班车到植物所办公室，在标本馆鉴定研究标本，到图书馆查阅文献。他自嘲地说这是"两天打鱼，三天晒网"。同事关心地劝他，天气太热或太冷，您就不要来工作了。他总是笑着说：没事啊，我在家也闲着呢。

王文采在标本馆研究标本（梁方文供图）

注重基础，亲力亲为，促学科发展

王文采胸怀大局，是一位有责任感和使命感的植物分类学家。他特别重视植物分类学的基础性工作，包括植物标本的采集、鉴定、生物物种名录和志书的编研，而且强调"科学研究应将视野扩展到世界范围，迅速搜集和掌握全世界种子植物分类学研究的原始标本和基础资料"。20 世纪 90 年代开始，进入古稀之年的王文采又瞄准了一个新的目标：世界毛茛科铁线莲属（*Clematis*）的研究。该属在全世界有 300 多个野生种，我国有铁线莲属植物 150 多种，是世界铁线莲属植物分布的中心。长期以来，王文采对过去外国专家建立的该属分类系统有所怀疑，但苦于标本资料不足，无法做更深入的研究。馆藏量雄居亚洲第一的植物所植物标本馆（PE①）迄今藏有标本约 301 万份，大部分是中国标本，外国标本较少。历史悠久的西方国家的标本馆大都收集了采自全世界各大洲的标本。1990 年到 2001 年，王文采不顾年事已高，访问了法国巴黎的国家自然历史博物馆（P）、英国皇家植物园邱园（K）、德国柏林达勒姆植物园（B）、俄罗斯科学院科马洛夫植物研究所（LE）、瑞士日内瓦植物园（G）、美国哈佛大学植物标本馆（HUH）等十多个欧美著名植物标本馆。2001 年夏，王文采与他的一位学生，以及笔者出访俄罗斯三周，主要在圣彼得堡科马洛夫植物研究所工作。王文采常一整天蹲在标本室里查看标本和文献。共查阅和研究了 2500 余份毛茛科铁线莲属等植物的标本和近 100 份模式标本（模式标本是植物分类学研究中不可缺少的材料，而过去不少采自中国的模式标本保存在

2001 年夏，王文采（左二）、张志耘（左一）出访俄罗斯与知名植物学家交流后合影

---

① 国际通用和公认的标本馆英文代码，下同。

国外标本馆），鉴定了 240 份标本。王文采总是早上五六点钟第一个起床，饶有兴趣地在院子里观看和识别当地的植物，乐在其中的他仿佛不觉得累。晚饭后，王文采喜欢与他们在住地附近散步，完全没有"大院士"的架子，亲切得像家人一样与他们聊家常，谈自己过去的科研和野外科考工作经历，还谆谆教导他们在工作和与人相处中要学会多听取不同意见，因为忠言逆耳利于行。

王文采结束了在俄罗斯的工作后，独自一人前往瑞士日内瓦植物园内的标本馆工作。平时生活朴素的他，从瑞士回国时还专门给学生和晚辈的孩子购买了礼物。常人难以想象，一个 75 岁的老人在异国他乡，没有学生和助手陪同，一日三餐都是简单地重复着牛奶、面包或汉堡，却能津津有味地查阅研究毛茛科的标本长达一个月，这是一种什么样的精神和境界啊！

王文采利用这些难得的出国机会，认真研究了这些机构的标本馆收藏的世界各大洲的毛茛科重要类群铁线莲属植物标本，总结出了铁线莲属的重要演化趋势。根据上述的新认识，2005 年，他和学生李良千正式提出和发表了铁线莲属新的分类系统，这个由中国学者发表的分类系统在国际上引起很大反响。

王文采还利用出国机会，积极与国外同行建立良好关系，带回不少我国缺乏的珍贵的模式标本和资料。1990 年 9 月，在女儿王卉的帮助下，他前往瑞典乌普萨拉大学演化博物馆（UPS）工作了 3 个月，为该馆鉴定了紫草科的一些标本。为了补充国内空缺的植物标本，他在得到该馆馆长的允许后，从该馆收藏的 H. 史密斯（H. Smith）先生在 20 世纪 20 年代采自四川和山西的副号标本中挑选了 3400 多份共十余箱，当年 11 月就邮寄到植物所植物标本馆（PE），其中有许多珍贵的同号模式标本和副模式标本，成为我国科研人员在今后的研究工作中不可或缺的重要标本。

在乌普萨拉大学工作结束后，王卉帮他联系到了瑞典斯德哥尔摩、哥德堡和隆德大学的有关标本馆或植物园，他便前往查看标本和继续工作。王文采分别在这三个地方的植物标本馆做了题为"东亚植物区系中的一些分布式样和迁移路线"的学术报告，向欧洲学者宣传了我国植物分类学家所提出的新的学术成果。此后几年，王文采还多次到乌普萨拉大学查阅标本文献。

　　王文采作为植物所植物标本馆的荣誉馆长，经常为标本馆的建设和发展出谋献策。他多次高瞻远瞩地强调，标本馆要达到国际水平，必须大量收集或交流来自国外的标本，包括大洋洲、非洲和南美洲的标本。他自己亲力亲为，为促进标本馆国内外合作交流做了很多具体工作。多年来，他对于国内外标本鉴定的请求都乐于支持。哈佛大学标本馆戴维·E. 布福德（David E. Boufford）博士曾多次把他们在中国横断山区采集的毛茛科、荨麻科、葡萄科和紫草科的一箱箱植物标本邮寄到植物所，请王文采鉴定。王文采收到标本后，不顾年迈和工作繁忙，总是用最快的速度鉴定完毕。2000—2001 年，他为美国加利福尼亚州科学院鉴定了 600 余份植物标本。为了感谢王文采的工作和贡献，这些国外学者将他所鉴定的标本都无偿赠送给了植物所标本馆。这不但增加了我们的标本馆藏量，也加强了国际交流与合作。王文采不擅长计算机操作，所有文稿和鉴定标本的定名签，他都用钢笔工整地一笔一画写清楚，很容易辨认。王文采的这种做派很像他当年的恩师林镕，可见一位好的老师对学生的影响之深。在植物所植物标本馆中，据不完全统计，经王文采鉴定名字的植物标本有35000 多份，涉及 114 个科，556 个属，2100 余种植物，是该馆鉴定标本最多的专家之一。

　　王文采和我国所有的科学家一样，非常清楚由中国学者自己独立完成《中国植物志》的编撰，对国家、社会和经济发展都具有无可替代的重要作用和战略意义。新中国成立后，为了进一步摸清我国植物资源的现状和家底，从 20 世纪 50 年代中开始，植物学工作者开始全面调查我国植物资源的现状和家底，赴大江南北，阅浩瀚珍藏。野外考察和采集植物标本也是研究植物分类学最重要的基础。植物不会说话，只能靠植物研究者们鉴定。面对大自然千姿百态的植物，常人分辨不出什么区别，更说不出植物的名称和用途。王文采最开心的事情是发现自己不认识的植物，而要想发现新的植物，除了机遇，还需要有对全部植物种类知识的长期积累。

　　为了采集到更多的植物标本，王文采一次次踏上了野外考察的路途。每次野外考察总是充满了艰险与汗水：热带雨林里恶劣多变的天气，防不胜防的蚂蟥，突如其来的病患侵袭，简陋的装备……王文采都亲身经历过。暴雨烈日、

1954 年王文采任队长在江西萍乡武功山野外考察（王文采供图）

1962 年在云南西北部野外考察（后排左起第一人王文采、第四人吴征镒，杨云珊供图）

气候恶劣、蚂蟥蚊虫都是考察中的"家常便饭"。植物所陈家瑞研究员回忆起1963 年夏，他们一行 9 人跟随王文采去四川省西部野外工作的情景。那时的野外考察在衣食住行各方面没有良好的保障。白天，他们背着沉甸甸的标本走在崎岖的山路；晚上回到住地后要压制和烤制标本，还要自己动手煮饭，连睡觉的行李都需要队员自带，半夜一两点才休息是常有的事。一天下来，二三十岁的年轻小伙子都累得不行。陈家瑞说，他从来没有听到王文采叫过一声苦，他看到的王文采总是乐呵呵的，一有点空隙就抓紧在本子上认真做笔记，还不时回答年轻人提出的各种问题。每当大家采集到新的植物，王文采更是十分兴奋。那年，他们在翻过四川康定市海拔4298米高的折多山后，来到附近的另一个路段。那里山势陡峭，稍不小心掉下去就会粉身碎骨。陈家瑞初到野外，因为胆怯不敢往前走，王文采一边鼓励安慰他，一边用清瘦而温暖的手亲自拉着他共同走过危险路段。这种慈父般的爱不仅让一个初出茅庐的年轻学者克服了当时的恐惧心理，也成为鞭策他以后不畏困难的强大动力。

对植物的深厚感情深深地刻在王文采的骨子里。从湿热的云南热带雨林到四川陡峭的山地，为了能摸清我国植物资源的家底，近距离地掌握和了解野外植物形态变异的规律，他对野外考察不惧艰险，怡然自得。1958年12月在云南省勐腊县人迹罕至的区域野外采集时，一场恶性疟疾差点夺去他的生命。他在病床上高烧不退，昏迷了几天几夜。在命悬一线的危急关头，中国科学院昆明植物研究所武素功等4名年轻人每人为他捐献了400毫升的血，才使他脱离危险。"那么大一罐子的血输进去后我就活过来了，要不然就完蛋了"，每每回忆起这次获救的经历，王文采总是满怀感激之情。

野外丰富的生物多样性像磁石一样深深吸引着他。王文采身体恢复后没多久，又开始连续多年坚持上高山、进雨林，风餐露宿，乐此不疲。1962年8月，他参加了吴征镒院士组织的云南西北部以及海拔3600多米的香格里拉县哈巴雪山的野外考察队伍；1963年夏，到四川省西部康定市和宝兴县野外采集；1968年5月，到广西宁明县的十万大山热带森林野外考察；1976年春，到四川峨眉山野外考察；1988年8月，到湖南桑植县天平山野外考察；从1950年到1989年夏，王文采多次到我国热带、亚热带和温带山区，野外考察植物和植物区系。在这些科考中，他和同事们发现并采集到很多新的植物，以及一些挺过冰期子遗下来的植物种类。1991年，王文采还到过瑞典中部，看到了那里的寒温带植物区系。王文采认为，通过野外工作可以增加标本馆的馆藏量。在植物所标本馆的馆藏标本中，王文采参加采集的标本有近9000份。此外，通过野外工作，可以观察到活的植物的各种性状和动态变化以及植物区系。王文采正是通过野外考察，看到了我国从热带到温带丰富、复杂的植物区系，并得以深入研究毛茛科、荨麻科、紫草科、苦苣苔科等科的一些复杂的属。通过认真观察、研究这些属在我国西南部和南部发生的外部形态的明显变化，以及花构造的高度多样性，为他今后的深入研究和提出一些新的学术观点提供了重要依据，从而也促进了植物分类学学科的向前发展。

治学严谨，提携后学，薪火永相传

王文采在成长的过程中，得益于林镕和胡先骕等老先生的提携。在成为老师后，他识才、爱才，从不在意年轻人的学历和背景，以同样方式提携后学，以传薪火。20 世纪 70 年代中，王文采和俞德浚等专家收到从福建省建宁县寄来的请求帮助鉴定的标本。这些标本多数经由寄件人李振宇初步鉴定过。专家们发现李振宇鉴定的名称多是正确的，他能鉴定出难度很大的毛茛科人字果属（*Dichocarpum*）植物标本。王文采还发现，有的植物在福建虽没有被记载过，李振宇也能鉴定并给出正确的学名，因此，王文采认为他是个做植物分类学工作的好苗子。李振宇是福建省建宁县农械厂的青年工人，受"文化大革命"影响，只有中学学历。他对植物有特殊的兴趣，采集到不少当地新记录标本，包括王文采命名的建宁金腰（*Chrysosplenium jienningense*）的模式标本和秦仁昌命名的中华盾蕨（*Neolepisorus sinensis*）的副模式标本，完成了有 1700 多种植物的《福建省建宁县植物名录》（油印本）的编写。1978 年 2 月，植物所的路安民和陈心启以及福建师范学院的林来官一行三人到建宁县对李振宇进行了包括笔试、面试和标本鉴定的考察后，一致认为他很有潜力。不久，李振宇被植物所招到北京学习专业基础课。李振宇在《深切缅怀我的导师王文采先生》一文中写道："我能有机会进行植物分类学研究，要感谢王文采老师的热心提携和悉心指导，能遇到恩师，是我此生的最大幸运。"传承不仅是学术之传承，还有培养人才之传承。李振宇到了北京后，王文采担心他这个来自福建的南方人不习惯北方干燥寒冷的气候，对他的起居生活关怀备至。王文采对自己子女入学或工作等个人事情，从来不向组织或他人求助，但为了让李振宇在业务上打下扎实的基础，他不遗余力地出面联系北京师范学院（现首都师范大学）生物系，让李振宇跟班上课。两年后，李振宇考取了王文采的硕士研究生，正式进入中国科学院研究生院学习公共基础课，植物学拉丁文、国际植物命名法规和植物系统学等专业课都由王文采在植物所亲自为他讲授。王文采还特意请了三位"小老师"一起辅导他。李振宇不负众望，硕士研究生毕业后，一心扑在植物学研究工作上，这种"纯粹"传承了王文采的风格。他主持或参加了多个科考队赴各地采集标本，发现了多种现代植物和化石新种，鉴定了 100 多种中国分布新记录，丰富了标本馆的收藏。李振宇对植物分类学研究的热爱、执着追求和专业知识的积累，让他有能力数次充当植物分类学有关项目的"救火队员"，承担和完成了《中国植物志》仙人掌科（Cactaceae）等三个科，以及《横断山区维管植物》菊科（Compositae）的风毛菊属（*Saussurea*）等三个属的编研工作。这些因未落实作者或未交稿的类群的编写是很多人不愿意啃的"硬骨头"。王文采慧眼识珠，为我国植物分类学培养了李振宇这样一个难得的优秀人才；人们称赞李振宇是"鉴定植物的活字典""中国植物鉴定大师"。为了纪念王文采，2022 年 6 月，李振宇把他们在湖北竹溪县野外发现的一种 21 米高的野生樱花命名为"文采樱桃"（*Prunus wangii*），正式发表在国际植物学刊物上。他说，希望将来在每年的清明节前后都能看到文采樱花，以此缅怀恩师。此外，据不完全统计，有两个植物新属的名称和十多个新种的加词是用以纪念王文采院士的。

李振宇自学成才的事例激励着后来的年轻人。新疆青年杨宗宗与王文采过去不认识，他 17 岁时采集到了一株没有见过的毛茛科翠雀花属植物，并向王文采写过信请教。2018 年国庆节前夕，杨宗宗怀着忐忑的心情拨通了王文采家里的电话，没想到十几年过去了，王文采依然记得当年的这位中学生，热情邀请他到北京来交流。后来，王文采在电话里建议和鼓励杨宗宗在原来收集的新疆伊犁地区植物照片的基础上，继续采集标本，整理出书。随后，王文采与这样一位业余植物爱好者一直保持着密切联系，通过信函、电话等指导杨宗宗进行植物分类学研究，并花费大量时间对他拟发表的新种论文文稿进行了认真细致的修改，却婉言谢绝共同署名发表。杨宗宗与两位热爱植物的好友花了两年时间，终于完成了《新疆北部野生维管植物图鉴》一书的文稿。其间，王文采从审阅、向出版社推荐出书到生活琐事，都向这位忘年之交伸出援手。在王文采的竭力推荐下，科学出版社也大力支持这群"毫无背景"的作者，杨宗宗终于圆了他早年的植物梦想。杨宗宗感动地说：王爷爷是一座伟大的山峰，却向所有人敞开了通向山峰的光明之路。他也是一座灯塔，照亮着后辈的人生。

王文采在家中与杨宗宗亲切交谈（杨宗宗供图）

　　刘冰是王文采的徒孙，2007 年考取了植物所的硕士研究生，彼此来往甚多。在王文采的指导下，二年级时他就发表了第一篇新种论文。王文采在标本馆里常常耐心细致地为刘冰讲述如何规范地进行标本鉴定工作，如何通过野外考察熟悉自己研究的类群，以对各个类有所了解，拓展知识范围。有一次，刘冰因出差错过了王文采讲授的中国近代植物分类学史的课程。后来，王文采把刘冰叫到办公室为他单独授课，把自己手写的讲稿复印后送给了他，并为他详细讲解了讲稿内容。如今，刘冰已成长为一位优秀的植物分类学学者，他在缅怀王文采的文中说：王文采是一位纯粹的学者。浸润植物分类学七十余载，醉心学术，与世无争，待人谦和，提携后进。刘冰表示自己将谨记王文采"分类学是要聪明人下笨功夫的"的教诲，不断在植物分类学研究的道路上奋进。

刘冰向王文采请教（刘冰供图）

王文采太喜欢与植物相处的分分秒秒了，对植物的这份酷爱成为他研究的根基和最大动力。植物所杨永博士回忆起了 1997 年自己考入植物所读研究生时的情景。在杨永眼里，王文采瘦高个儿，衣着朴素，说话办事不急不躁，每次下了班车，总是健步如飞地直奔标本馆。王文采戴着眼镜，胸前挂着手持放大镜，在那里一边看标本，一边写写画画，全神贯注地工作，几乎很少喝水或休息。他在标本馆常热情地与前来请教的同行、学生和后学切磋交流。为了节省时间，他多是自带面包或点心等简单食物作为午饭随便填填肚子。标本馆下午一点半开门，他准时第一个进馆工作。美国哈佛大学的戴维·E.布福德博士对中国植物学家比较熟悉，一提起王文采，总是竖起大拇指，说他是一位特别优秀的科学家。几十年来，王文采专注于思索和研究植物类群的分类和系统演化关系，他跟学生们常说的一句话是："植物标本没有脾气，可以静心研究。"这成为很多后学铭记的金句。他这种吃苦耐劳、坚忍不拔的精神和锲而不舍的态度，助他攀登上一座又一座学术高峰。在被子植物原始类群毛茛科的研究中，他对该科绝大多数属种的系统修订，奠定了他世界公认的权威地位。他的研究成果不仅对具体类群的研究具有重要意义，成为全世界研究这些类群的专家学者必须参考的重要的文献，并被历版《中华人民共和国药典》《新华本草纲要》及各类经济植物志书采用，为国家的经济建设和发展提供了重要资料，而且对我国植物分类学的发展起到了积极推动作用，提升了我国在植物分类学领域的国际影响力。

　　刚到中国医学科学院药用植物研究所参加工作时，赵鑫磊博士在野外采集到一种貌似水晶兰属（*Monotropa*）的植物。安徽中医药大学王德群教授鼓励他写信向王文采请教。没想到，素不相识的王文采很快就给他回了信"赵先生，您好，大函收到，您的问题……"在回信中，王文采详细告诉赵鑫磊应该查阅哪些文献，应该如何查看标本等。几天后，王文采又给他邮寄了一摞复印好的资料。赵鑫磊应邀到王文采的家请教时，王文采把我国生药学家和本草学家谢宗万老前辈送给他的一本药用植物书籍转赠给赵鑫磊，希望对他的工作有所帮助。赵鑫磊视王文采先生亦师亦友，在王文采长期的帮助和指导下，赵鑫磊在植物分类学和药用植物研究的道路上成长很快。内蒙古大学的赵一之老师说，20世纪70年代，他们编研《内蒙古植物志》时，他还年轻，背着标本到北京请教王文采关于毛茛科的分类学问题，王文采不仅热情地带他看标本、耐心讲解植物的形态特征，还提供了有关文献，对他的工作帮助极大。

赵鑫磊向王文采展示他在安徽黄山采集到的王文采和肖培根发表的一个新变种标本
（赵鑫磊供图）

　　陈家瑞清楚地记得，1961年秋，他从四川大学毕业后到植物所工作，王文采负责具体指导他的业务，在学习工作中要求甚严。王文采了解到陈家瑞在大学只学了俄语，就鼓励他学习英语，布置作业让他把英语专业论文翻译成中文，每周检查修改，还找出典型的英文句子让他进行语法分析，使陈家瑞的英语和业务水平提高很快。在生活里，王文采很疼爱学生，经常请他们到家里吃饭，让这些远离家乡的学子感受家庭的温暖。

近十几年来，我国从事植物分类学研究的人才队伍逐渐缩减，王文采对此忧心如焚，他积极在媒体上呼吁，并曾向中国科学院有关领导致函，反映情况并出谋划策。为稳定我国植物分类学研究的人才队伍，他不顾年事已高，亲自带学生，给他们授课、答疑解惑，培养了一批蕨类植物、裸子植物、毛茛科、豆科、菊科、兰科（Orchidaceae）和禾本科（Poaceae）这些大科的专家。20世纪90年代末，植物所分类研究室一位从事植物分类学研究的科研骨干想调到别的单位工作，请王文采为她写推荐信，满心欢喜地以为王文采会答应，谁料王文采只是轻轻地对她说："我这次不能为你写推荐信，抱歉啊。"这位后辈了解他的性格，没有多问原因，就坚持在植物所工作，后来做出了自己的业绩和贡献。多年后，这位后辈回想此事，才感悟到王文采不同意她调离是为了让她在植物所发挥更大的作用，同时也是为了稳定人才队伍啊！

拉丁文是植物分类学的重要工具，但当时国内能教授这门课程的老师屈指可数。为了让更多的年轻人尽快掌握这门外语，2003年，王文采为杨永和王康博士"开小灶"：每周二晚上约他们到自己位于中关村的家里，坚持讲授了两个月拉丁语的性、数和变格课程，使他们受益匪浅。之后王文采又陆续为阳文静和张彩飞等研究生讲授了拉丁文课。日常工作中，年轻学者请王文采修改植物新类群的拉丁文描述，他都十分乐意，从不推脱，常常第二天就完成修改并反馈意见。但是，如果年轻人请他联合发表论文，他总会客气地谢绝，说自己没有研究过，不懂，挂名不合适。

长期以来，王文采不辞劳苦为这些年轻学者所做的一切事情，完全是为了我国植物分类学事业的发展。王文采当年培养的一大批研究生，不断成长，如今在各自的岗位上为科研、教学或管理工作接力培养后学，可谓薪火永相传。王文采热切期望年轻的中国植物分类学者，立足本土，放眼世界，在世界植物区系研究领域掌握我们的发言权。

虚怀若谷，业绩斐然，为大家楷模

　　王文采于 1993 年当选为中国科学院院士，此外，他还获得众多分量很重的荣誉和奖励。他于 1996 年荣获香港求是科技基金会生物志奖，1997 年荣获香港何梁何利基金会的科学与技术进步奖（生命科学奖）。2011 年，王文采的众多学生为了学习和纪念老师的学术成就，组织编辑了《王文采院士论文集》（上、下卷）。该书收录了王文采独立发表和作为第一作者发表的 174 篇论文。王文采迄今共发表 28 个新属，约 1370 个新种，新组合 242 个，新等级（族、系、组等）303 个；建立了唐松草属（*Thalictrum*）、铁线莲属、楼梯草属（*Elatostema*）、赤车属（*Pellionia*）等新分类系统；修订了石蝴蝶属（*Petrocosmea*）、唇柱苣苔属（*Chirita*）、微孔草属（*Microula*）等分类系统。王文采关于新分类群的研究成果发表后，有的学者持不同意见或进行了归并，他都十分支持，即使不认同其他学者的某些研究结果，他也从不轻易加以评论。他对学生们说：一个类群，研究的人员越多，得到的研究结果也越多，也就越可能接近客观。在植物地理学研究领域，王文采最重要的研究成果是，根据 96 个科植物分布区的分析，提出了 16 个间断分布式样和 3 条迁移路线，同时提出"中国云贵高原一带可能是被子植物的发展早期在此形成的发展中心"的新的重要推断。后来他又在论文《东亚植物区系的一些分布式样和迁移路线》中对不同的迁移路线做了进一步的阐述。他发表的相关论文对第三纪以来中国植物区系的历史变迁提出了独到见解，大大提升了中国学者在国际上的学术地位。

　　国家自然科学奖是中国自然科学领域的最高奖项，被视为学术界皇冠上的一颗明珠，旨在奖励那些在基础研究和应用基础研究领域阐明自然现象、特征和规律做出重大科学贡献的科研人员。我国政府对待此奖项的评比和把关极为严格，曾因宁缺毋滥而多次空缺，可见该奖项含金量极高。王文采两次荣获国家自然科学奖一等奖，这在科学界实属凤毛麟角，也是对他将个人兴趣爱好与国家需求相结合最好的回报。他奉献一生为我国植物建立档案，却不希望被别人"看见"。更罕见的是他获奖后从不主动向别人提起，他认为这是集体成果，自己只是完成了该做的工作，就连在他身边长大的孙女也一度不知晓。中国科学院院士是我国设立的自然科学方面的最高学术称号，为终身荣誉。对很多人梦寐以求的"中国科学院院士"学衔，王文采却不以为意，当选院士后的各种会议和应酬反而让他很不适应。他曾对自己的一位弟子说过："你找领导说说吧，看能否把我这个院士的'帽子'拿下来。"其实，王文采很尊重和珍惜院士的荣誉，只是太在意植物分类学研究工作，唯恐自己精力不足，不能继续完成他既定的编写几部专著的目标。在很多人的眼里，王文采"最像院士"又"最不像院士"：他自己花钱打车去医院看病，自己掏腰包邮寄工作书信而从来不用科研经费报销；家里房子老旧，却从来不让单位或家人装修，怕影响工作进度；一双旧的鞋子和几件夹克衫陪伴了他几十年。他谦逊处世，恭敬待人，常常称呼同事或后辈为"先生"。王文采自幼丧父，在母亲严格而周到的抚育下成长。他受母亲影响，养成了低调、坚韧的性格。生活中的王文采热爱大自然，多才多艺，喜欢音乐和京剧，高兴时会哼几句京剧；他还会拉二胡，书法和绘画也很好，中学时跟随山水画画家王心竟学习过。如今植物所的办公楼里悬挂着的几幅大型山水画，就是他 90 多岁高龄时为庆祝植物所建所九十周年创作的作品。如同画里的这些山水一样，王文采对物质金钱、名利荣誉无欲无求，他把自己的研究成果归功于祖国丰富的植物资源，将自己的贡献尽量弱化，真正体现了他"宠辱不惊，自然淡定，外柔内刚"的人格魅力，以及"不管逆境顺境，不管屈辱荣誉，统统都化解在学术追求之中"的崇高境界。年轻人在与王文采接触后，都能深切感受到他朴素无华的务实学风。一次，一位年轻博士知道了王文采曾与吴征镒院士一起研究过樟科，便向他请教樟科植物的分类学问题。王文采却实事求是地说：那是很多年前的工作，早就忘记了。知之为知之，不知为不知，是知也。

2019 年元宵节后，93 岁的王文采送给助手孙英宝一张自己在家工作的照片，孙英宝发现照片里他的手里多了一个放大镜。第二天赶忙带他去诊所检查，才知道因为长期在显微镜和手持放大镜下观察植物微结构，王文采的右眼在 10 年前就失明了，可老先生从未提及此事，大家全然不知。王文采发表的 150 多篇论文，以及《中国楼梯草属植物》《中国唐松草属植物》这样的上百万字著

王文采手部埋针输液期间仍然带病到标本馆工作（孙英宝供图）

作竟然是依靠另一只视力也不好的眼睛完成的。后来有一天，从医院出来，王文采坐在车里轻声念叨："趁着还能借助放大镜工作，我得赶紧把《中国翠雀花属植物》的文稿写完。恐怕后面的很多事情，就得麻烦你们了。"翠雀花属的部分植物含有乌头碱，可以提取来做麻醉药，也可以观赏。植物兼具经济、药用和园艺观赏的多重价值，研究就更有必要了。王文采呕心沥血，以常人难以理解的毅力和坚强的意志，终于在 2019 年和 2020 年先后完成了对我国 232 种翠雀花属植物的分类学修订性研究，为我国更好地保护和可持续利用这类重要的植物资源提供了必不可少的重要资料。两篇厚厚的论文共 310 余页，王文采都是在一只眼睛失明、另一只眼睛视物模糊的情况下坚持完成的。回忆这些往事，孙英宝动情地说：在认识和跟随王文采工作的二十多年中，是王文采赋予了自己新的生命，找到了自己存在的意义和人生的价值。现在，那张"多了个放大镜"的工作照一直挂在孙英宝办公室的墙壁上，激励着他今后也像王文采那样做人、做事。

实际上，王文采右眼失明的这 10 年，还先后患上了前列腺癌、肠癌和皮肤癌，致使他不能走远路，更不可能像年轻时那样去野外考察。斗移星转，他的科研梦依旧；岁月如梭，在他痴迷的标本和著作旁穿越。王文采不在乎也从不害怕疾病，他视野里的植物是缓解疼痛的良药，标本依然是他心中的百万雄兵。

王文采因肠癌做了手术后，医生叮嘱他必须休养三个月。但是一个月刚过，王文采就迫不及待地来标本馆工作了。在医院里照顾王文采的护工小春说："爷爷心里都是标本，他常喃喃自语'坐班车，去看标本，标本……'"王文采右眼因黄斑病变失明时，国内引进了一种德国针剂。他的儿媳妇回忆道："爸爸对别的病是能拖着不去医院就尽量不去，唯独对打这种针，他很是积极呢。"因为他分外珍惜与标本相伴的每一秒，感到自己能做研究的日子不多了，想挽救这只病情已经恶化的眼睛。2021 年初，94 岁的他因胃癌不得已住进医院，做了两次手术，还要化疗。在住院一年多的日子里，他从没有因为身体的痛苦而对医务人员和护工发过一丝脾气。王文采的儿子回忆道：父亲什么事情都放在心里，别人看不到，他心里很平静，就是在家庭生活过得很不容易的那段日子里，他也从未有一声抱怨或叹息。2009 年 4 月，王文采的结发妻子因病去世。在妻子的告别仪式上，他轻轻地用手抚摸着妻子熟悉的脸庞，把悲痛深深埋在心里。王文采住院期间，念念不忘的全是植物所和标本馆的发展以及学生的研究工作……只要一说起植物，说起过去野外考察的经历时就会眉飞色舞，说"有意思，真好玩"，心境还和年轻时一样。2022 年 10 月，王文采从中国中医科学院广安门医院出院回到家里短暂住了几天，他的学生——北京林业大学的谢磊和我到他家看望。他坚持从床上走下来坐到椅子上，在他简陋的卧室兼工作室里，就铁线莲属的研究兴奋地与谢磊滔滔不绝地讨论了一个多小时，完全不像一个因疾病瘦到只有 90 多斤的 95 岁老人。从 2022 年 3 月开始，受系统与进化植物学国家重点实验室领导的委托，我负责带领有关人员编辑《掇菁撷芳——王文采院士论文增编》一书。王文采那时在北京大学第一医院住院治疗，受新冠病毒疫情影响，医院实行封闭管理，不能探视，我只好通过电话请教他为书定名等问题，同时也转达同事和学生对他的深切关心与慰问，感谢他对植物分类学做出的巨大贡献。王文采每次在电话里，总是和蔼地称呼我为张先生，谦虚地说：又麻烦你了，哎呀，你们的工作量真大啊，花费了很大的力气，占用了你们很多的时间啊，对你们的大力支持，表示衷心的感谢，非常感谢你啊。他说：这几年身体也没劲儿了，看书也少，哎呀，不行了……他还说：你们对我过奖啦，我没做什么太大贡献，也和各位先生一样，嗯，鉴定标本是吧，不过就是做些分类学的工作，嗯，这些工作里头也有不少错误，敬请大家谅解……。迄今，我的手机里还保留着与王文采在医院里交流的语音，以此缅怀王文采也激励自己。

王文采90岁寿辰[2016年摄于寓所，王文采（中）、张志耘（左）、谢磊（右）]

王文采在《九十六岁的杂感》一文中写道："自己中学学业曾荒废，十分懊悔，于是全力投入学习，再不敢怠慢。中学的许多功课没有学好，这对我日后的学习、工作都产生了不好影响，并且难于弥补，因而造成遗憾……我对新兴起的分子系统学等新事物疏于学习，以致不了解近年来这些方面做出的成果。而在此时期，我的体力逐渐衰退，已到了研究生涯即将结束之时，已无力来修正或弥补这些缺陷。"王文采这种自我反省的态度，充分体现了他虚怀若谷、严以修身、严谨治学的高尚品质。

2022年11月20日的北京，天气阴沉，秋风瑟瑟，植物叶片扑簌簌掉落，仿佛为逝去的生命而叹息。在八宝山殡仪馆兰厅里举行的王文采告别仪式庄严肃穆，厅内摆满了来自国家领导人，中国科学院院机关、植物所及全国各地科研院所、大学等单位和家人、亲属、同事、好友、晚辈、学生的花篮、花圈。伴随着王文采生前最喜欢的贝多芬的《田园交响乐》，屏幕里滚动播放着王文采生前开展工作和野外考察的系列照片，无言地述说着老人钟情于植物研究的忙碌且有意义的人生。告别厅门口两侧垂立巨幅挽联"痴迷植物分类一生阅尽人间草木作巨著宏文，醉心科学研究百年踏破祖国山水铸大家风采"。一枝一叶系一生，王文采把他的 70 余载时光都刻进植物分类学的研究里，与生命融为一体，书写了自己的快意人生。他为摸清中国植物资源家底、推动我国农林牧业发展等方面做出了重要贡献，为植物分类学的学科发展和人才培养做出了突出贡献。王文采给我们谱写了一曲热爱科学、淡泊名利和甘于奉献的生命赞歌。我们凝视着那本厚重的、2022 年 6 月出版的、收录了 77 篇论文，共 150 万字的《掇菁撷芳——王文采院士论文增编》，眼睛湿润了，一位慈祥的老科学家在平凡的工作中诠释了不平凡的人生。王文采就是一本写不完的书，他，从未远去，仿佛还坐在标本馆二层走廊的桌前，时而拿着放大镜观察标本，时而动笔认真绘图，他那和蔼亲切的音容笑貌和身影永远活在我们心里，这种无形的巨大力量将激励后人不断前进！

致　谢

文稿撰写中得到王文采女儿王卉以及同行、同事和好友高继民、胡宗刚、李振宇、李良千、张运海、谢磊、赵鑫磊、刘冰、杨宗宗、孙英宝和谢丹的帮助，作者一并致谢。

王绶琯院士与郭守敬望远镜

郭红锋

（中国科学院国家天文台）

风景如画的国家天文台兴隆观测站，坐落在燕山山脉支脉雾灵山东南方的群山之中。在巍峨起伏的群山怀抱里和大大小小十几台望远镜的簇拥中，有一座特别醒目的三台式建筑群，里面安装着在国际天文学界享有盛名的郭守敬望远镜。

兴隆观测站的郭守敬望远镜

郭守敬望远镜名称的由来

郭守敬望远镜，原名大天区面积多目标光纤光谱望远镜（Large Sky Area

Multi-Object Fiber Spectroscopy Telescope，LAMOST），2010 年 4 月被冠名为"郭守敬望远镜"。

郭守敬望远镜的命名，是为了纪念中国元代具有创新精神的天文学家和天文仪器制造专家郭守敬与传承他的精神。正如在冠名仪式上有关领导讲话指出的，郭守敬的名字，不仅可以使我们现代人和后人铭记中国古代天文研究史上曾经有过的辉煌，更能激励当代的天文科技工作者奋起直追，勇攀世界天文研究的高峰。

这台望远镜于 1997 年由国家立项，2001 年动工，2009 年 6 月建成并通过国家验收，2012 年 9 月启动运行，是中国天文望远镜制造史上第一台完全由中国国家团队自主创新设计、建造的望远镜；它突破了国际上长期以来在研制天文望远镜技术上大口径和大视场难以兼备的瓶颈，为我国乃至世界天文学研究提供了高水平的观测手段和研究平台，得到了国际天文界的高度评价。

为什么国内外都给予这台望远镜极高的评价？因为它确实是我国现代望远镜研制史上第一个重要里程碑。郭守敬望远镜的建造者瞄准了涉及天文和天体物理学中诸多前沿问题的大视场天文学，抓住了开拓大规模光纤光谱研究的可贵机遇，以新颖的构思、巧妙的设计，成功地建成了当时国际上口径最大的大视场望远镜和光谱获取率最高的光谱巡天望远镜，成为国内外大样本天文学研究的有力工具。

中国天文战略家

王绶琯院士是我国著名天文学家、中国天文学和天体物理研究领域的奠基人之一、中国射电天文研究领域的开创者。从 20 世纪 70 年代后期开始，作为中国天文学的主要领导人和学术带头人，他不仅主持建设了我国多个射电天文项目，还推动和支持了中国天文界各大科学工程项目，为中国天文事业做出了许多重要贡献。1978 年，他荣获全国科学大会表彰的"全国先进科技工作者"称号；1996 年获何梁何利基金科学与技术进步奖；1993 年 10 月，中国科学院紫金山天文台将小行星"3171"命名为"王绶琯星"。

　　早在 20 世纪 80 年代，王绶琯院士就站在中国天文学科发展的战略高度，思考着如何使中国天文学发展赶超世界先进水平的问题。他常对身边的人说，我们不能总跟在别人后面，一定要自己研制大型天文仪器，获取高精度的第一手资料，在探索宇宙深度方面有所突破。当时国际天文界有很多大型望远镜计划，要实现这些计划的投入也是巨大的。但在那个时代，中国的国力还不强，不可能与西方天文大国拼财力、物力。中国要想在国际天文学界群雄争霸的形势下异军突起，就要做到知己知彼，并认真分析利弊。

　　望远镜的制造史就是创新思维和创新设计的历史。在 1948 年海尔 5 米望远镜诞生以后，望远镜的单口径再扩大就成为一个限制望远镜发展的瓶颈。但是在 20 世纪六七十年代，国际上一批采用薄镜片、拼接镜面、主动光学技术等创新理念建造的望远镜，突破了望远镜口径扩大的限制，研制或计划研制出一批 8—10 米级的大口径望远镜，大大推动了天文学领域对宇宙探索的深度。

　　在这样的国际背景下，面对我国 20 世纪 90 年代的国力，王绶琯院士与苏定强等光学专家合作，根据我国的实际情况，扬长避短，提出了制造一台能在国际竞争中占有一席之地的，口径够大、视场也够大的，可以做大面积光谱巡天观测的望远镜的基本方案。

　　为什么要提出这样一个方案？王绶琯院士给出了分析依据。

　　一是，我国在 20 世纪 80 年代已经造出口径 2.16 米的光学望远镜，积累了一定建造望远镜的经验。按我国 20 世纪 90 年代的国力，可以承担研制一台 4 米级口径的望远镜（望远镜口径与所需经费的关系呈指数上升，若想研制更大口径的望远镜，按我国当时国力是不现实的）。

　　二是，普通结构 4 米级望远镜，在当时国际上已相当普遍，没有特色则做不出超前工作；既然要做 4 米级望远镜，那就得考虑将其做得更有特色。

　　三是，国际天文光学测量工作，主要有两种方式：①一种是测光观测，就是使用越来越大口径的望远镜，对精选的目标测量并分析他们的亮度、方位、颜色、形状、结构等信息。这种方式就是前面提到的国际天文强国致力于 20 世纪竞争的、需要花大钱才能做到的研制 8—10 米级大口径望远镜，但我国当时的经济基础不适合与之竞争。②另一种是光谱观测，天体的光谱反应了天体的物理状态，包括化学组成、元素丰度、表面温度、密度、磁场、电场、视向速度等，是我们了解天体本质的重要途径。

光　谱

　　我们通常看见的太阳光其实是多种颜色混合的复色光，当阳光通过三棱镜（或雨后水滴）折射后，会形成由红、橙、黄、绿、青、蓝、紫顺次连续分布的彩色光带。这是因为太阳光里含有波长（或频率）不同的单色光线，复色光通过介质时因折射率不同而分散开了，我们就看到了彩色光带。

　　从宇宙射来的星光也是复色光，其中也含有各种波长（或频率）的光线，这些光也能被棱镜（或光栅等）分光，色散成按单色光线波长（或频率）大小依次排列的图案，就是光学频谱，简称光谱。

　　光波里之所以含有各种波长（或频率）的单色光，是因为发光物质中围绕原子核旋转的电子跃迁而产生的电磁辐射。各种物质的原子内部电子的运动情况不同，所以它们发射的光波也不同。研究不同物质发出的光里含有的光谱特点，就可能了解物质内部结构和外部状态，这已经成为一门专门的学科——光谱学。

　　近百年来，天文光谱测量技术的效率一直很低，已经跟不上天文学快速发展的需要。天文光谱测量效率低，一方面是因为遥远的星光本来就暗弱，要经过分光之后才能进入光谱分析仪器，光流量自然就减少了，所以需要大口径望远镜；另一方面是因为普通结构的望远镜聚焦在一点，同一时间只能观测一个天体目标的光谱，效率自然很低，提高效率则需要扩大视场（一次能观测多个目标）。

　　通过以上分析，我们的目光就聚焦到，如果能把4米级望远镜做成比同级别望远镜有更大的视场，就可以在观测方法和效率上有大的突破。这正是我们要找的突破口，也是我们当时的国力可以承担的。

　　回顾望远镜研制历史，一直存在着大口径不能同时兼具大视场的矛盾。在传统小望远镜时代，有一种施密特望远镜，就是当时为扩大望远镜视场做的创新尝试。但传统施密特望远镜的改正镜是透镜，这种透镜形状非常复杂也极难加工，因此口径很难做大。后来有人提出过把施密特望远镜的改正镜换成反射镜，即反射式施密特望远镜，但是国际上一直没有人做出来。

施密特望远镜

　　施密特望远镜也叫作折-反射式望远镜，顾名思义就是采用折射式和反射式相结合的方法，最大限度地发挥二者的长处，避免二者的短处。

　　在天文望远镜发明的早期，不论是折射式望远镜还是反射式望远镜，其口径都比较小，结构也比较简单。时间进入20世纪，各种口径、模式、系列的望远镜不断出现，天文学研究对望远镜的要求也越来越精细。各种望远镜都有自己的优缺点。例如，折射式望远镜视场大，每次可以观测较大范围的天区；反射式望远镜的清晰度高但视场小，每次只能看见很小的天区。怎样才能把这两者的优点集于一身呢？德国光学家施密特通过仔细测量和计算，创造性地改变了折射透镜的形状，使光线通过透镜到达反射镜主镜后、能聚焦到一个面（焦平面）上，从而扩展了视场。用这样方法制成的折-反射式望远镜在天文研究工作中发挥了重要的作用。

　　1930年，施密特设计出一款令天文学家十分满意的折-反射式望远镜，实现了天文学家多年以来梦寐以求的大口径望远镜同时具有大视场的功能。为了缅怀施密特的天才创造和卓越贡献，后人将施密特设计的这种折-反射式天文望远镜称为施密特望远镜。

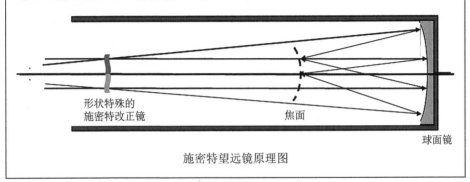

形状特殊的
施密特改正镜

焦面

球面镜

施密特望远镜原理图

中国天文领路人

王绶琯院士和光学专家苏定强院士等中国科学家经过反复讨论认识到，研制现代大口径兼备大视场望远镜，这是一个巨大的挑战（因为这是一个世界级难题），但同时对我们来说也是一个巨大的机遇。要解决这个问题，需要依靠我们的聪明才智，而不是比拼财力。在光学原理和技术方法上大胆创新，去解决天文光学上的一个世界级难题，设计出一种大口径与大视场兼备的天文望远镜，这是一个我国当时的经济实力可以负担得起的，又能够让我们在天文研究相对落后的情况下弯道超车，赶上或超过世界先进水平的办法。

王绶琯院士（左）与苏定强院士（右）在郭守敬望远镜前合影

经过十多年努力和拼搏，在老一代天文领路人和新一代天文奋进者的共同努力下，最后呈现在人们面前的就是这样一台独特而雄伟的望远镜。

三个柱型建筑合起来承载着一台望远镜的三个主要部分（主镜、改正镜、焦平面），各部分虽然分体，却能够由计算机控制，光路准确、运动协调地完成对选定多天体目标（4000 个）的同时观测。

郭守敬望远镜建筑外观

郭守敬望远镜的主镜采用国际先进的拼接镜面技术，由 37 块直径 1.1 米的六角形子镜拼接，组成等效口径 6.7 米（大口径主镜）；改正镜由 24 块直径 1.1 米六角形子镜拼接，达到等效通光口径 4.3 米（大口径改正镜）。按施密特望远镜传统命名法，应该叫 4—6 米反射式施密特望远镜。郭守敬望远镜焦距为 20 米（长焦），视场达到 5 度（超大视场）从而做到了大口径兼有大视场的观测需求，这是当时世界上其他 4—6 米级口径望远镜望尘莫及的。

郭守敬望远镜的创新与新颖之处表现在以下几个方面。

（1）光学设计。郭守敬望远镜设计的施密特改正镜是反射式的（虽然国际上有人提出过，但没有人做出过）。郭守敬望远镜的反射式施密特改正镜和主镜，都应用了国际上先进的主动光学和拼接镜面技术（在两块大镜面上同时用拼接镜面，这在国际上是首创），更重要的是郭守敬望远镜建设者发展了自主创新的改正镜变形技术，使得这个反射改正镜能够被计算机控制，按实时需要，施密特改正镜的形状可以灵活变形，做到改正镜面与主镜反射面的实时动态配合，从而把星光视场扩大到很大的焦平面（1.75 米直径）上，成功实现了国际天文界一直想要达到的大口径同时兼备大视场的目标。

　　郭守敬望远镜这种创新的光学设计，突破了传统施密特改正镜的缺点（镜片固定、加工难、不易做大等）的限制，非常受国内外同行专家的青睐。从此郭守敬望远镜这种新型反射式施密特望远镜也被称为"王（绶琯）-苏（定强）反射式施密特望远镜"。

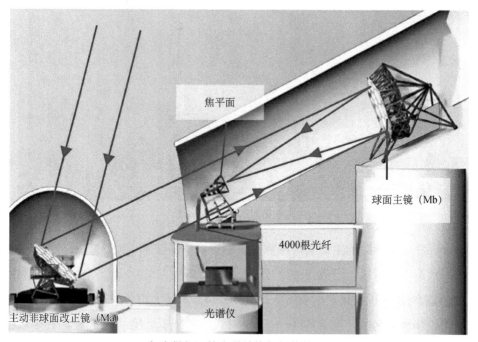

焦平面

球面主镜（Mb）

4000根光纤

光谱仪

主动非球面改正镜（Ma）

郭守敬望远镜光学结构与部件装置

　　（2）安装结构。郭守敬望远镜的这种大视场设计要求焦距很长（约 20 米），如果采用传统框架式安装结构，则需要很长的支撑架，不但很难控制，而且在运动中会产生较大变形。为解决这个问题，使望远镜能满足巡天观测的需要，郭守敬望远镜采用了卧式（中星仪式）安装，即把主镜、改正镜、焦平面三者拆分为三部分，分别安装在三个分体建筑里，把庞大而沉重的改正镜（Ma）、球面主镜（Mb）和最复杂的焦面光纤和光谱仪装置，分别都安装在固定基座上。这较之通常的望远镜（三部分由框架联系在一起的），在加工、安装和驱动上都容易得多，造价也低得多。

　　这种安装结构借鉴了中星仪的卧式特点，又拆分去掉了长框架连接，是非常新颖的构思，既解决了郭守敬望远镜焦距长难以控制的问题，又使得三大主体部分都有牢固的地基支撑，提高了整体稳定性。

（3）焦平面光纤自动定位。"并行可控式光纤定位技术"是郭守敬望远镜又一项自主创新的关键技术。望远镜收集来自天体的微弱信号，成像在 1.75 米直径的焦平面上。在焦平面上摆列 4000 根光纤，每一根光纤都需要对准一个天空目标，把信号引导到焦面仪器去进行分光、探测和记录等。光纤定位

郭守敬望远镜的焦平面

系统是由计算机按星表位置自动定位的，在几分钟内即能控制 4000 根光纤精确指向目标，比起世界上同类望远镜的手动定位方法，它的效率和准确度都大大提高，成为世界上光谱获取率最高的望远镜。

（4）郭守敬望远镜的台址选在兴隆，也是能够快出成果的一步好棋。一般人可能不容易理解天文台选址、建站的困难性与长期性。举例来说，中国科学院国家天文台的前身北京天文台从开始选址到选中兴隆站这个台址，再到完成建站总共花了 10 年。著名的"中国天眼"的 22 年建设历程，花费在选址上也是十多年。目前中国科学院国家天文台在西藏、青海等地的选址建设也已经花费了多年的时间和大量的人力、物力。如果当年在建设郭守敬望远镜的同时也投入选址工作，那就可能使得这台具有多项创新和新颖设计的望远镜晚几年投入使用，就达不到中国天文弯道超车，尽快赶超世界水平的效果了。

郭守敬望远镜的成功与贡献

郭守敬望远镜建成以后，更是备受中外天文仪器制造专家的瞩目。国际著名出版社施普林格（Springer）2009 年出版的 *Astronomical Optics and Elasticity*

Theory（《天文光学与弹性理论》）中发表的一幅全世界望远镜口径-视场曲线图，特别列举了十多架著名望远镜的口径与视场的关系（一般结构的望远镜，口径越大视场越小），只有中国的郭守敬望远镜远远超出了这条曲线（做到了既有大口径又有大视场）。

郭守敬望远镜的建造成功，也把我国望远镜研制水平推进到"世界最高水平的前沿"，显著提高了我国在大视场多目标光纤光谱观测设备领域的自主创新能力。郭守敬望远镜的成功也锻炼了一代天文仪器专家，带动了相关技术的发展和创新，使中国具有了设计和建造国际一流大型光学望远镜的经验和能力，如大型光学望远镜系统设计、精密仪器和零部件加工、拼接镜面技术、主动光学技术、焦面光纤自动定位技术等。

郭守敬望远镜的研制成功使中国成为世界上少数几个具备自主研制超大口径望远镜能力的国家之一。郭守敬望远镜也是使我国在大规模光学光谱观测中，在大视场天文学研究上，居于国际领先地位的大科学装置，对我国空间等高技术领域发展起到了显著的推动作用，并为世界天文学研究的发展做出了独特的贡献。

郭守敬望远镜的成功也培养了中国新一代天体物理研究专家，他们瞄准天文学和天体物理学中前沿领域的大视场天文学，抓住大规模光学光谱分析研究的可贵机遇，利用郭守敬望远镜获得的大量星系以及银河系内天体目标的光谱信息，在恒星、星族、银河系结构、天体运动学及天体化学元素分布等的研究上做出了重大贡献；今后也将在国际红外、射电、X 射线、γ 射线巡天及天体多波段交叉证认上做出重大贡献。

2023 年 3 月，中国科学院国家天文台面向国内外天文学家发布了 LAMOST DR10（第 10 版）数据集。该数据集包含光谱总数 2229 万余条，是目前国际上其他巡天望远镜发布光谱数之和的 2.9 倍。郭守敬望远镜成为世界上首个发布光谱数突破两千万的巡天项目。具体内容可参见中国科学院国家天文台网站。

目前，来自中国、美国、德国、比利时、丹麦等的 194 所科研机构和大学的 1385 位用户正在利用郭守敬望远镜数据开展研究工作，已发表高质量论文 1200 余篇，被引用 13 000 余次。近两年，相关的科研成果呈现出井喷式增长态势，各国学者依靠郭守敬望远镜数据年均发表论文超过 200 篇，其中国外天文学家发表的科学论文数量占比超过 40%，彰显了郭守敬望远镜数据的国际影响力。郭守敬望远镜的科学产出已步入国际大型天文望远镜（6—10 米级）的先进行列，最近已经在世界口径 6 米以上光学望远镜中排名第三。

郭守敬望远镜的成功使得国际天文界对超大规模光谱巡天高度重视，国际多架 4—10 米口径的光谱巡天望远镜正在研制和规划中。美国已经学习和发展了郭守敬望远镜模式：基特峰天文台的一架 4 米级望远镜扩展焦面，成为能够同时观测更多天体目标的光谱巡天系统。由此可见，王绶琯院士提出的超大规模光谱巡天思想是多么的高瞻远瞩。这不仅引领了中国天文研究和技术的弯道超车，而且带动了大口径望远镜光谱巡天的国际天文发展方向。

迅速成长起来的年轻一代天文工作者没有忘记老一代科学家对中国天文学发展的引领和推动。2023 年 1 月，为纪念王绶琯院士 100 周年诞辰和他对中国天文学的巨大贡献，中国科学院国家天文台在兴隆站 LAMOST 建筑群中为王绶琯院士建立了一尊塑像，纪念他在中国天文学发展的关键时刻，作为中国天文学的领路人，对建立国家重大科学项目的推动、支持和引领作用。

王绶琯院士不仅在学术上是众望所归的领军人物，在对公众普及天文知识和对青少年科技人才早期培养方面，也是多年蜚声科技教育界。1996 年他获得"全国先进科普工作者"称号；1999 年，他以 76 岁高龄创办并领导了北京市青少年科技俱乐部，20 多年来从高中学生中选拔并培养了大批创新型青年科技人才。

王绶琯院士塑像

致　　谢

　　感谢中国科学院老科技工作者协会出版委员会遴选本文作为《科学家的故事 2》文选；感谢中国科学院国家天文台有关部门提供王绶琯院士有关资料；感谢 LAMOST 团队提供的参考书籍、资料、图片、史料、采访和各种素材；感谢王绶琯院士家人及中国科学院国家天文台同事提供的珍贵素材和线索；感谢所有为本文提供建议和意见的朋友。

　　本文参考了王绶琯院士的自述文章《LAMOST 之旅》（发表于 2007 年第 9 期《邯郸学院学报》）中的部分素材。

　　谨以此文纪念敬爱的王绶琯院士 100 周年诞辰。

"蓝天碧水保卫战"的科学尖兵
——记安徽光机所刘文清院士和他的科研团队

张建平　齐　琼

（中国科学院合肥物质科学研究院）

晴朗的夜空，是那样的静谧，一道绿色耀眼的光直射天穹，人们纷纷抬首观望，"快看，一束美丽的光！"那是合肥科学岛上的科研人员正在做实验。

激光，诞生于 20 世纪 60 年代，以其高单色性、高方向性、高亮度的特征一跃而成为区别于传统光源的"光之骄子"。自从激光为雷达配上了最佳光源——"激光雷达"在大气光学研究和空气污染监测等方面拥有了广阔的应用前景，从地球表面到数万米的高空，都是它显示威力的舞台。

中国科学院安徽光学精密机械研究所（简称安徽光机所）在我国率先开拓了环境光学新领域，项目的领军人物是国家环境光学监测仪器工程技术研究中心主任、中国工程院院士刘文清研究员。近 30 年来，刘文清带领一个近百人的创新科研团队，在环境光学领域潜精研思，为我国的环境光学监测技术研究和开发做出了重大贡献。

我有自己的家国情怀

1970 年，是一个值得记住的年份。这一年的 1 月，中国科学技术大学从北京搬迁到安徽合肥，同年 12 月，安徽光机所在合肥科学岛正式成立。这两家单位都隶属于中国科学院，一个是教育界的知名大学，一个是科技界的重要研究机构。在此后的 50 多年里，两家单位风雨同舟、共创辉煌，共同为"全国四大科教城市"之一的合肥增光添彩，合肥也因此有了一张"大湖名城，创新高地"的亮丽名片。

刘文清的科学人生与这两家单位的交集，缘于一位科学家——中国科学技术大学郭光灿院士的慧眼识珠。

1954 年，刘文清出生在安徽省蚌埠市，因"文化大革命"中断学业，于 1970 年进入家乡的无线电厂当钳工。心灵手巧的刘文清不但钳工技术过硬，而且不忘在业余时间刻苦学习数理化知识。1973 年刘文清出差到合肥，在合肥地图上看到了中国科学技术大学的校名，萌发了无限的向往。没想到一年之后，他的梦想竟然成真。

"文化大革命"后期的大学招生，一般是以单位推荐加考核的方式进行。1975 年 1 月，中国科学技术大学物理系郭光灿老师代表学校来到蚌埠市招生，当时只有 2 个招生名额，但报名者多达四五十人。面试的一个题目是"数理化在工作中的运用"，其中一个具体的问题是，在一个圆形铁板中截一块方形的铁板，最大的边长应该是多少？刘文清迅速而准确地回答出来，郭光灿老师非常满意。刘文清既有实际操作经验，又有一定的数理基础，在几番考核中表现出的综合素质条件好，郭光灿老师最终代表学校选择了他。

1975 年 7 月，刘文清进入梦寐以求的中国科学技术大学物理系深造，他不但在学习上进步很快，而且在实验技术上充分展示了自己的才华。1978 年 10 月，刘文清毕业后被分配到科学岛上的安徽光机所工作。1987 年到意大利米兰工业大学做访问学者，1995 年在希腊克里特大学获博士学位，1996 年在日本千叶大学做博士后……多年的访学经历，刘文清对发达国家在环境监测领域的科研水平有了深入的了解。他看到日本的激光雷达光束可以在遥远的地方照射到富士山，转一圈就知道污染物在什么地方。而当时，我国在环境光学监测领域还几乎处于空白阶段。

1998 年，刘文清选择了回国发展。2005 年他出任安徽光机所所长，后又担任了国家环境光学监测仪器工程技术研究中心主任。当有人问及刘文清为什么不留在国外实验室工作时，他说："我不想一辈子说外语，我有自己的家国情怀。"正是怀着这份家国情怀，刘文清不负众望，勇毅前行，凝聚安徽光机所的科研力量，优先选择了"三气"，即针对城市空气质量、烟道排放的污染气体、机动车尾气的监测作为研究的切入点；后来又在"水体"和"土壤"两个领域开展了监测技术的研究，成功地将光谱学技术应用于环境监测，开拓了我国环境光学监测技术这个新领域。

2013年，刘文清以创新性的环境光学监测技术研究及成果产业化的突出成就被评为中国工程院院士，在科技报国的事业中，成功实现了人生的"蝶变"。

为了蓝天碧水的呼唤

21世纪以来，全球性环境危机日益加剧，气温异常飙升，千年冰川融化，随之而来的飓风、暴雨、泥石流、地震、海啸等极端天气或地质灾难频发，已经威胁到人类的生存。2015年，第21届联合国气候变化大会上通过《巴黎协定》；2021年，《联合国气候变化框架公约》第二十六次缔约方大会上，近200个缔约国表态：尽快落实削减碳排放承诺，合作应对全球气候变化。我国也是防治污染和气候治理的积极行动者。

为了打好"蓝天碧水保卫战"，刘文清院士带领团队聚焦国家重大战略需求，决心加快突破关键核心技术，为建设天蓝、水清、草美的生态环境，打造一个"天、地、空一体化"的综合立体环境监测网。

为"双奥之城"做贡献

2008年北京夏季奥运会举办前后，正值北京周边大气环境质量堪忧的时期。着眼于成功举办奥运会的迫切需求，刘文清团队在中国科学院的支持下，联合兄弟单位，主持了"北京及周边地区奥运大气环境监测和预警联合行动计划"项目。在刘文清带领下，建立了以北京市为中心，覆盖奥运会主场馆区域、周边主要污染排放及污染输送通道区域的"大气环境立体综合监测系统"。那段时间里，刘文清总是在奔忙了一天之后，晚上还要汇总各方送来的监测数据，呈报给有关单位，经常要工作到半夜甚至凌晨。

刘文清团队的监测系统由近 80 台套科研仪器组成，其中 95% 由团队自主研发制造，为奥运会期间及北京周边区域空气污染的预警和减排措施的制定及实行，发挥了重要的辅助决策作用，受到了奥运会管理部门和北京市领导的赞扬。刘文清和团队的其他 3 位同志因此荣获了"科技奥运先进个人"称号。

2022 年 2 月北京冬奥会期间，刘文清团队使用车载激光雷达开展了北京及其联防联控区域内的走航监测服务，快速、精确地获取了区域大气颗粒物的分布特征，还成功预测了冬残奥会举办首日发生的一次沙尘污染，研究和分析了其来源、输送过程等，为保障冬奥会和冬残奥会的空气质量做出了重要贡献。

此外，在抗战胜利日大阅兵、北京 APEC 峰会、G20 杭州峰会、厦门金砖国家领导人会议、上海世博会、广州亚运会等重要会议或活动期间，都有刘文清和他的团队的身影，其间的空气质量监测也获得了社会广泛的好评和赞誉。

地球两极实地科考显身手

2010 年 7 月，为了参加"大气成分演化对生态环境影响"项目，刘文清成为一名中国北极科考队成员，飞赴位于挪威北部的新奥尔松地区，在中国首个北极科考站——"黄河站"进行了为期 15 天的科考工作。

新奥尔松位于挪威的斯瓦尔巴德群岛北部，北纬 78 度 55 分，这里有寸草不生的山峦，广阔无垠的苔原和绵延的冰川。作为地球上有常住人口的最北端小镇，镇上的"居民"大多是来自各国的科学家，已经有十多个国家在这里建立了极地考察站。在这片洁白的极地世界里，即使在夏季的 7 月，平均气温也在 0℃左右。刘文清带上团队自主研制的"多轴差分吸收光谱仪"，坐上索道缆车，来到山峰的至高点。在刺骨的寒风中，刘文清花费 2 个小时才安装好这套监测系统。仪器工作后，开始对大气痕量气体柱浓度进行连续监测，并通过网络实现远程数据传输及监控。迄今为止，这套仪器还在北极地区连续运行，已经成功获取了极地大气成分中的二氧化溴、臭氧、二氧化氮等气体浓度的大量实时监测数据。

刘文清团队中多名年轻的科研人员，后续也参加了北极和南极的科学考察。在驶向南极的科考船"雪龙"号上，刘文清团队研发的自主知识产权设备"被动差分吸收光谱系统"首次搭载到南极，用以开展极地"活性卤素化合物"的探测。

他们通过自主研发的先进科学仪器，证实了一个堪称好消息的现象——南极臭氧层空洞的面积较之以前正在缩小！南极臭氧层空洞的形成，与人类活动中的过度物质排放紧密相关。这个消息证明，世界各国的减排措施正在发挥作用，为地球环境的改善带来了一个福音。

添利器，助巢湖水体治理

遥感，是从卫星或飞机平台上，对地面或近地目标进行非接触性观测。遥感技术可广泛应用于农业估产、灾害监测、水文气象测量、空间探测、军事侦察等方面，是世界各国都非常重视并正在快速发展的领域。

巢湖位于安徽省中部，面积近 800 平方千米，是中国五大淡水湖之一。湖中水产丰富，盛产银鱼、白虾、湖蟹等，沿湖一带都是鱼米之乡。但是随着周边经济的发展，巢湖的水体也受到了一定程度的污染。

在对巢湖水体的监测和治理中，刘文清科研团队的监测仪器发挥了重要作用。"水体污染光谱监测仪"是他们应用遥感技术研发的另一种实用、高效的科学仪器。自 2009 年 8 月该仪器开始在巢湖示范运行至今，已成功实现了巢湖夏秋水质参数及藻类连续在线监测，还提供了多次水华预警。例如在 2015 年 7 月，他们的系统监测到，随着水温的升高，巢湖里各种藻类快速复苏，尤其是蓝藻发生大量增殖，科研人员立即通知相关部门实施生物降解等紧急措施。至今，他们还在为巢湖水质环境监测和综合治理提供连续、及时、准确、可靠的科学数据和技术支持。

为高分五号卫星装上一双"慧眼"

2018 年 5 月 9 日，我国成功发射了高分五号卫星，这是一颗对大气和地面观测的实现高分辨率、全谱段、高光谱的科研卫星。卫星上搭载了安徽光机所自主研制的三个大气环境监测载荷——大气痕量气体差分吸收光谱仪、大气主要温室气体监测仪和大气气溶胶多角度偏振探测仪。

刘文清院士是"高分五号卫星载荷任务"的总设计师和指挥。在载荷任务的研制过程中，安徽光机所科研人员查资料、做实验，从每一个芯片、每一个接口开始研制。为达到预订的高性能指标，大家废寝忘食、埋头苦干，分管领导经常要把他们"赶"回家去休息。经过几个月的拼搏奋斗，终于为高分五号卫星安装上了一双明亮的"慧眼"。

"高分五号卫星大气环境监测技术"是利用光谱持续遥感成像原理，提供全球大气污染分布特征和时间序列变化。通过高分五号上大气环境监测载荷，可以实时地清晰地掌握世界各地的污染信息。这不仅为我国控制大气污染决策提供了基本数据，还在发展规划和产业结构的调整中发挥了作用，同时在国际环境领域的外交活动、国际合作环保项目的实施中，我国具有了话语权和有力的科技支撑。

以成果转化造福社会

让科技创新成果走出"象牙塔"，尽快落地转化，造福于民，这也是刘文清院士肩负的使命和责任。

近30年来，刘文清日复一日地辛勤工作，带领团队不断攀登环境监测技术研究领域的高峰。大家常说这么一句话："别人是有事才来加班；刘文清不来加班，肯定是有事才不能来加班。"以实验室为家成了刘文清工作的常态。

如今，刘文清院士和他的团队已经建立了包括400多种大气污染物、100多种水体污染物、20多种土壤重金属污染物的光谱特征数据库，开发了污染物光谱定量解析算法和工程化应用软件。安徽光机所的环境光学监测技术研究成果，成为我国环保技术创新的源头，已取得自主创新成果20余项，授权专利50余项，论文200余篇，实现了产业化的成果有20多个。

探索成果转化的道路是非常艰辛的。刘文清院士积极联合社会资源，与企业建立了长期战略合作关系，将环境光学监测技术的创新成果进行产业转化，形成了一批自主知识产权的产品，已应用于全国多个省市和行业，为我国环境保护建设水平的提升，发挥了重大作用。

为"美丽中国"再立新功

在国家环境光学监测仪器工程技术研究中心展览室里，金色的奖牌和大幅照片，记录着刘文清院士科研团队取得的创新成就：4 次荣获国家科学技术进步奖二等奖；荣获环境保护科学技术奖一等奖、二等奖；多次荣获安徽省重大科技成就奖特等奖、一等奖、二等奖……还有党和国家领导人与刘文清院士及获奖人员的集体合影。刘文清院士带领的团队的大气环境监测技术已跻身世界先进行列。奖牌和荣誉，激励着刘文清院士和团队科研人员不忘初心和使命，继续攀登新的高峰，开创新的业绩。

2022 年 3 月 19 日下午，20 多位院士、专家线上线下齐聚合肥，为兴建一个国际一流的合肥综合性国家科学中心环境研究院（简称环境研究院）出谋划策。他们对刘文清院士充满激情的论证报告感到振奋，一致表示支持并建议尽快实施。

作为学科带头人，刘文清院士对环境研究院的发展前景进行了规划和展望：环境研究院将建在合肥的"中国环境谷"。第一，环境研究院致力于研发国际领先的原始创新成果，抢占科技制高点；第二，努力成为国家生态环境科技产业的创新源头、重大关键装备的研发中心；第三，形成国家级战略新兴产业集群，引领环境产业跨越式发展。

期待着刘文清院士和他的团队再接再厉，为实现美丽中国的宏伟蓝图做出更多、更大的贡献。

春蚕到死丝方尽
——怀念父亲傅书遐

傅登祺

（中国科学院武汉植物园）

我的父亲傅书遐离开我们已有三十六年了。至今，他的音容笑貌和日常待人接物的点点滴滴还常常在我脑海中浮现。

父亲于 1916 年 11 月 18 日出生于江西南昌，一生经历坎坷。早年，由于爷爷赴美留学，奶奶带着父亲留在国内艰难度日。长期的营养不良，使父亲落下病根。1928 年，爷爷回国后，全家移居天津塘沽，父亲就读于天津南开中学初中部，读至高中一度因病休学，后靠刻苦自学，以同等学力考入四川大学园艺系学习，大学毕业论文的内容是有关细胞染色体的研究。

父亲年轻时兴趣爱好广泛，喜欢读书、剪报、集邮、打乒乓球、打桥牌，15 岁时就有极娴熟的英文打字技巧；还喜欢听京剧、拉二胡。他的这些爱好多半是在南开中学读书时培养的。

父亲是胡先骕教授在新中国成立前的最后一位学生。

1943 年，父亲到地处江西泰和的静生生物调查所分所工作，得到所长、著名植物分类学家胡先骕教授的培养。胡先骕教授口传身授，在家亲授父亲植物分类学知识，同时父亲也受到陈封怀教授等的辅导，从此走上研究植物分类学的道路。

1946 年到北京静生生物调查所后，父亲奉胡师命，先整理并熟悉书刊文献，研究植物腊叶标本，并做叶子拓片，做得十分清晰；晚间抄写、打印《东亚植物文献目录》，该文献后来保存在北京的中国科学院植物研究所。受当时条件所限，很多文献资料他都自己抄写、打印。他对文献资料的记忆力超强，长期的积累使他对植物分类学的外文文献了熟于心，不但自己能熟练掌握，还经常帮别人在图书馆快速查找到所需的文献资料。后来，胡老派他去台湾大学核对植物标本，并提取复份，使父亲在专业研究能力上有了很大提高。因不适应台湾气候，父亲在一年后就回到北京，不久旧病复发，但仍坚持继续工作。

新中国成立后，静生生物调查所等单位合并成为中国科学院植物分类研究所，即现在的中国科学院植物研究所。这里集中了我国的植物分类学工作者，他们开始编写《中国植物科属检索表》，为编写《中国植物志》打下基础，父亲承担了 34 科的编写任务。与此同时，他还利用业余时间，在家编写《中国蕨类植物志属》，这是中国第一本有关蕨类植物方面的中文著作。

父亲在中国科学院植物研究所办公室中
（约于 1956 年）

编写时，由于我年尚幼小，需要照顾，父亲常常是一手抱着年幼的我，一手写稿子，他就在这种情况下完成了此书的编写。父亲后来继续出版了《中国主要植物图说——蕨类植物门》（简称《图说》），以及其他一些文章。据中国科学院院士、著名植物分类学家王文采先生在他的口述自传中回忆道："《图说》出版后，得到了蕨类植物专家秦仁昌先生的赞扬。我记得在分类室全室的一次会议上，当时任室主任的秦老在谈分类室工作情况时，忽然谈到了刚出版的《图说》，认为此书选择了我国常见的，且有经济价值的种类，形态描述简练，对蕨类植物分类学的普及很有意义。尤其对此书在每科的描述之后，附上有关重要参考文献，赞赏不已，因为这有利于初学者进一步查阅文献，以利提高。"多年以来，《图说》等书在国内外经常被人引用或要求购买。

《中国蕨类植物志属》　　　　《中国主要植物图说——蕨类植物门》

　　父亲因病在家半休时，自学孢粉学、木材解剖学、细胞学，以及最感兴趣的苔藓植物知识，采集、制作小标本，还自学德文、俄文、拉丁文；晚年又学日文、法文，写下各种笔记有数十册。他还接受郑万钧教授的邀请，参加过《中国树木志》的部分编写工作。1957 年他彻底病倒，经过手术治疗和休养后才逐渐恢复。

　　后来，因当时开展华中地区植物分类研究工作的需要，经武汉植物园主任陈封怀教授争取，我们全家四口举家南迁，于 1959 年 8 月迁来武汉，来到了地处武昌磨山的武汉植物园。

　　武汉植物园建园初期，各方面条件与设施尚不完善，加上地理位置偏僻，公交车只开到离植物园十千米之外的喻家山下，交通十分不便。记得小时候有时外出（大家称为进城），甚至还需步行到东湖边搭乘木船摆渡至对岸。

　　尽管当时工作、生活条件十分艰苦，但父亲仍以极大的热情投入工作之中。植物分类方面的工作可谓一切从零开始。首先是要使标本室正规化、标准化。一系列学术和技术工作，父亲均带头示范；白天上班不用说，晚上在家也总是伏案工作到深夜。对于他来说，工作是充满乐趣的。就这样长期夜以继日地工作，为他日后编写《湖北植物志》等工作创造了条件，打下了基础。

　　整理模式标本照片是收集资料的重要步骤，他根据秦仁昌教授早年在英国邱园标本馆内拍摄的两万余张中国植物模式标本照片，进行翻拍加印。因为照片较小，照片上的定名很难看清，父亲遂将定名全部重新抄写打印出来，贴在 56 本大型相册上，珍藏在武汉植物园标本馆，供大家参考。可以想象，这需要花多少时间、精力、耐心和细心才能完成，尤其对于疾病缠身的父亲来说就更加难能可贵了。这些模式标本照片在湖北省是唯一的，全国也不多见。

父亲（右）与郑重先生（左）在标本馆看标本（刊登于 1974 年的《湖北日报》）

1961—1982 年，父亲主持了《湖北植物志》1—4 卷的编著。开始时困难重重：标本缺乏，采集记录不完全，许多标本未订名，参考书也不够……经过兄弟单位大力支持，通过交换标本、馆际互借书籍及复制缩微胶片等途径获得有关资料。同时，父亲还要到兄弟所标本馆核对标本。父亲专心致志于这一切，虽曾遇到过许多意想不到的困难、干扰和阻力，但他都坚持克服了这一切，与分类室全体同志共同努力，完成了《湖北植物志》1—4 卷的编著工作。父亲在学术上的态度非常严谨。印刷第 1 卷、第 2 卷前，他严格按照科学出版社《校对手册》上的规定和要求，亲自一字一句地检查、校对稿件，连标点符号也不放过。当年交通不便，位于汉口的湖北科学技术出版社距离植物园有四五十公里之远，去一趟不光要换几次公交车，还要步行不短的路程，父亲一趟又一趟地去联系、校稿，十分辛苦。有时赶不上末班车，还要在外住宿。这两卷书终于在 1976 年及 1979 年相继出版，湖北省也在省级植物志编研方面走在了全国的前列。

父亲为了《湖北植物志》的编研、出版可谓呕心沥血，将自己的毕生精力都倾注于其中，可叹他并没有看到全 4 卷的完整出版，临终前仍念念不忘，其无奈与不甘，令人痛惜无语。父亲走后，母亲和我多次为第 3 卷、第 4 卷的出版之事奔走呼吁。2001—2002 年，在湖北省委宣传部的大力支持下，在武汉植物园及标本馆各级领导和同事共同努力下，《湖北植物志》1—4 卷终于全部出版完成。吴征镒院士、王文采院士为新版的《湖北植物志》作序，给予其高度评价。湖北植物区系研究与《湖北植物志》的编著工作获得了 2005 年度湖北省自然科学奖二等奖，我想，这也告慰了父亲在天之灵吧。

《湖北植物志》1—4 卷

父亲是景天科植物分类的专家，他于 1960—1984 年主持了《中国植物志》第三十四卷第一分册景天科的编研工作。全书于 1979 年 10 月送审，至 1984 年付印出版。此间，父亲多次辗转往返于北京与武汉之间，个中辛苦劳累自不必赘言。

党的十一届三中全会后，恢复了正常的科研秩序。武汉植物园新建了占地686 平方米的二层楼的标本馆，并经常与国内外标本馆交换腊叶标本，父亲每次都亲自拟稿抄打。交换所得的标本及文献等均存于标本馆。他利用节假日，到工作室解剖标本并绘解剖图纸。

父亲早年因病手术切除了三分之一的肺，走路爬坡都很吃力。在这样的身体条件下，他还抱病工作：两次去神农架林区，历尽千辛万苦采集植物标本；后来去庐山开会，因病不得不提前由同事接回武汉，但他要求医生只开半天休假条，仍坚持每天工作半日。由于休息不足，他的体力自此没能恢复。

父亲（右二）与到访的美国俄亥俄州立大学拉加万（Raghavan）教授（左二）
于武汉植物所标本楼前（1985 年）

父亲（左三）与英国邱园的杰弗里（Jeffrey）教授（右三）
在武汉植物所标本楼前（约于 1980 年）

　　父亲对分类室的年轻人寄予厚望，凡是有人向他请教，他都会耐心解答。他给青年科技人员讲授过"维管束植物分类学"、拉丁文和外文打字技巧，以及标本馆管理基础知识等。父亲有着很好的植物学拉丁文基础，十五岁就学会英文打字，技术娴熟，他亲自打印讲义，不定期举办讲习班，给分类室的年轻人传授拉丁文知识。武汉植物园的老员工中有不少人接受过父亲的英文打字培训，现在还常有人回忆起当年父亲耐心指教的情景，都感到受益匪浅。

记得有的年轻人觉得自己只是个标本采集员，学拉丁文没用，父亲讲课时他离开教室，父亲硬是追出教室将他找回来继续听课。

当年标本室的管理人员黄蓉老师曾满怀深情地回忆道，傅先生说要把标本馆的年轻人培养好，他教大家学拉丁文，一个字节一个字节地教发音；他还手把手教大家使用英文打字机，特别是打字指法的训练，然后让大家用小卡片录入标本采集信息。现在回想起来，傅先生当时的思维相当超前，这其实也就是现在标本馆标本数据库的雏形！

父亲十分注重培养年轻同志的业务能力，经常指派标本馆专业人员带着年轻同志去采集标本，认识植物。他经常教导年轻人，要干一行爱一行。他说植物分类学工作繁琐、辛苦，要长年累月在深山老林工作，家也顾不上，大家在工作中要注意安全，并教育标本馆年轻的同志，要向老同志学习，要耐得住寂寞，坐得了冷板凳，不要这山望着那山高，这样才能静下心来搞科研，搞分类。在他的言传身教下，标本馆的年轻人形成了爱学习、苦钻研的良好风尚。平时，他把办公室当家，经常很早就来办公室上班，晚上下班，他也总是最后一个离开。每天离开前，他都会认真对标本馆进行安全检查，看水龙头、电闸关了没有，门是否锁好。

父亲晚年计划提携后人，培养研究生做景天科植物的染色体分类研究，然终因病未能实现。

父亲为人低调，却乐于助人，严于律己，宽以待人。他经常为兄弟单位鉴定标本，为一些院校的研究生审查毕业论文，评审所外副研究员的职称材料，平时还经常收到全国各地同行的信函——请求鉴定标本，请教、询问学术上的各种问题，他都不厌其烦地一一解答。因此，他的朋友遍及海内外。

父亲与中国科学院院士、著名植物分类学家王文采先生交往甚笃。在中国科学院植物研究所时，他们在同一间办公室工作；到武汉后，又一直有书信往来，信件内容多为切磋植物分类方面的问题，互通信息、相互帮助，从未间断。父亲去世后，母亲和我也一直保持着与王先生的书信联系。父亲认为，王文采先生是他一生最好的朋友。王文采先生不仅学术造诣颇深，科研成果和著述等身，而且品格高洁，人品极佳，待人接物真诚得体，平易近人，乐于助人。翻看他们以往的信笺，我感觉父亲与王先生既是君子之交，又是志同道合的莫逆之交。

王文采先生在其口述自传中提到，21世纪初，曾有过很多有关20世纪胡先骕、郑万钧两位先生关于活化石——水杉的重要发现的报道，其中有报道说，约在1946年，胡先骕先生在其助手——我的父亲的协助下，查阅文献，得知产于四川万县（今重庆市万州区）磨刀溪村的水杉，应是1941年日本古植物学家三木茂根据化石植物建立的古植物属水杉植物。这个鉴定明确后，胡、郑两先生才联名于1948年正式发表了水杉属和新种水杉。王文采先生说，看过以上文章他才知道，在水杉发现的过程中，我的父亲协助了胡先骕老师的研究并做出了重要贡献。而他和父亲相识的30多年中，竟从未听父亲谈及此事。由此可见，父亲乐于帮助他人，不计较自己名利的高尚品德由来已久，贯穿始终。

父亲生前曾任湖北省政协委员、中国植物学会理事、《中国植物志》编委、《武汉植物学研究》副主编及中国科学院武汉植物研究所分类室主任，并获得过国家自然科学奖、湖北省自然科学奖及湖北省政协、中国科学院等单位的多项奖励。

父亲的一生，是与疾病斗争的一生，是自学成才的一生，是潜心研究的一生。他为人廉洁正直，勤俭朴素，在这方面继承了我爷爷的品格。他从不请客送礼，不吃任何招待饭；邮寄信件及交换资料等，从不向公家报销邮费。他经常自费请人抄打文献、自费复印文献资料以满足工作需要。在他复印的资料上，均粘贴着交费收据。他对衣食起居的要求都很简单，除日常的普通伙食外，工资全部作为智力投资，买书和订报刊。他一生从不买家具，衣服洗得褪色、发白都舍不得扔。我曾坚持为他买了一套价值百元的衣服，而他只在接待外宾时才肯穿。他经常告诉我们，生活上向低水平看齐，工作学习上向高水平看齐。

他是一位非常负责任的父亲。虽然平时工作非常忙，但在关键时刻，他对我们的事一点也不含糊。在我小时候生病时，他再忙也要想尽一切办法带我去各地医院治疗。记得我下农村时，有一次要乘早班长途车返乡，而当天从家里出发赶不上班车，又没有合适的地方住，父亲也不放心我一人在外住宿，就陪我在长途汽车站的候车室坐了一整夜。这件事令我没齿难忘。

1977 年，父亲病趋严重，医嘱服用的药物当时尚未国产，他自费买药数百元，不肯报销。他带病工作一直坚持到 1985 年底，心力交瘁，脚肿得鞋都难以穿上，行动实在艰难，上下班时，三步一停，五步一歇，不得不在 1986 年 1 月把未完稿《横断山脉景天科》稿件拿回家，准备在家工作。谁知仅三四天时间，他就与世长辞了。他曾说，"我是春蚕到死丝方尽"。他以自己的一生诠释、践行了这句话的含义。

父亲去世后，同志们送他一盆雪白的茶花，说他的一生像此花一样洁白无瑕，清高自守，既无哗众取宠之心，更无争芳夺艳之意。这也许是对父亲一生最好的总结，最高的褒奖。

2006 年，我陆续整理了父亲的中外文书刊资料及单行本图书 400 余册（份）赠给武汉植物园标本馆。2021 年 7 月，我又将父亲的藏书、文献、笔记和手稿数百余册（件）赠给了武汉植物园标本馆。

谨以此文纪念父亲诞辰一百〇六周年。

致　谢

感谢李建强先生、黄蓉老师提供有关内容。

一代宗师 风范永存
——深切怀念朱葆琳先生

姜文洲 吕日昌

（中国科学院大连化学物理研究所）

1948 年 12 月下旬，在一艘从美国驶向中国的货轮的甲板上，站立着一位 27 岁的年轻人。面对无边无际、波涛涌起的大海，他凭栏远望，思绪万千，恨不得插翅飞翔，立刻回到自己的祖国。这位意气风发、急切盼望回到祖国和亲人身边的年轻人，就是朱葆琳先生。

几个月前，他给在国内的夫人陈蓂写信说，自己已经获得得克萨斯大学的化工硕士学位，可以继续攻读博士，校方也应允在化工系给他提供工作职位。但是，鉴于当时中国国内局势已日趋明朗，他已经看到了新中国的曙光，于是在留美继续求学还是回国报效两条道路之间，他已经毅然地选择了后者。

朱葆琳在得克萨斯大学获化学工程
硕士学位（1948 年）

辗转求学路

朱葆琳在杭州安定初级中学二年级
读书（1935 年）

1921 年 7 月 13 日，朱葆琳出生在杭州的一位知名律师的家庭，他的小学和中学时代是在杭州度过的。

1937 年卢沟桥事变之后，抗日战争全面爆发。朱葆琳的父母带领他们一家人逃难离开了杭州。在这期间，朱葆琳耳闻目睹了日军的侵略行径，百姓流离失所，生活在一片恐慌中。从那时起，在朱葆琳的幼小心灵中，就播下了对日本侵略者的仇恨和期盼祖国强盛的种子。

1939 年，他考入已经从杭州南迁到贵阳的浙江大学化工系。在他大学二年级时，学校又从贵阳迁到了遵义。在战乱的日子里，大家的生活条件都很艰苦，大学的学膳费用均依赖政府的贷金，吃的是糙米饭，下饭的菜也是清汤寡水，都是水煮的青菜或连根的豆芽。学生上课没有课本，没有讲义，全靠记笔记。朱葆琳的笔记总是非常整洁、清楚、完整，因此经常被同学们传来传去。他天资聪颖，上课一定用心听讲而不需要熬夜苦读，考试的成绩总是名列前茅。

1943 年，朱葆琳本科毕业，继续在浙江大学的化工研究所读研究生。但后来由于发生了黔南事变，他的学业中断，不得不开始辗转谋生。

朱葆琳（后排右二）在浙江大学化工研究所与师生合影（1944 年）

　　1946 年，朱葆琳通过国民政府的最后一届留学生考试，取得了到美国得克萨斯大学留学的资格。第二年夏天，妻子陈萼和亲友们在上海外滩码头给朱葆琳送行。经过 15 天的漫漫海上航行，朱葆琳到达了在奥斯汀的得克萨斯大学。

　　在得克萨斯大学，由于勤奋和刻苦，朱葆琳仅用两年的时间就通过了论文答辩，获得硕士学位。他心中一直想着祖国，想着家人。在毕业典礼上，手捧学位证书的朱葆琳的思绪已经飞向了大洋彼岸的祖国。

　　回国后，朱葆琳先生先后在浙江大学化工系任副教授，在中国科学院华南植物研究所（今中国科学院华南植物园）任研究员。1953 年 12 月，他应中国科学院工业化学研究所[中国科学院大连化学物理研究所（简称大化所）前身之一]张大煜所长之邀，北上大连。来到研究所后，张大煜所长委托他主持筹建了化工研究室。1956 年，朱葆琳又出任研究所的首任化学工程及工艺主任。

开拓化学反应工程学研究

　　由于朱葆琳先生在数学、流体力学、传热和传质以及化学反应动力学等领域的知识渊博，造诣深厚，因此他成为研究所的化学工程学科的奠基人，国内化学反应工程学的先行者。

　　朱葆琳实施的第一个研究项目，就是率先在国内开展化学反应工程学的理论和实验研究。化学反应工程学是研究化学反应器的工作原理和优化设计。物料在工业化学反应器中发生化学反应并生成新产物，这一过程是化工生产的核心。这时在化学反应器中会发生物质流动（传质和传动）、能量转移（传热）和分子层级的相互作用（化学反应），进而生成新的产物。对这一基本过程，朱葆琳先生概括为"三传一反"。

　　通过对"三传一反"的研究，就可以优化化学反应器的设计，达到化工生产效益的最大化。研究固定床催化反应器的优化设计是朱葆琳先生首选的课题。从理论上研究"三传一反"，首先要对反应器中发生的物理化学过程建立数学模型，这是一个复杂的多元、非齐次偏微分方程组。理论上要求获得反应器中的温度分布、浓度分布和化学反应产物的分布，然后用数学方法求解这个偏微分方程。但复杂的偏微分方程组很难有解析解，在没有数字电子计算机可用的当年，用人工数值计算来求解几乎是不可能的。

朱葆琳先生使用逆向思维方法，依据电传导与传热传质的在数学模拟方面的相似性，反过来用物理方法来模拟求解数学方程，这就是电模拟计算方法的基本原理。朱先生带领他的小组成功地用直流电模拟方法求解复杂偏微分方程，求得固定床反应器内的温度分布与浓度分布，使化学反应工程学的理论研究成为可能，为催化反应器的工程设计奠定了理论基础。由此，朱先生成为我国最先推进电模拟方法的学者。

朱葆琳（右）在指导实验

在朱葆琳先生的指导下，化工研究室的王学松用电模拟方法成功地进行了固定床催化反应器的理论计算。20 世纪 50 年代，王学松采用朱先生提出的直流电模拟法测定反应器中床层的温度分布时，在实验中碰到了困难：计算值与实测值之间的误差很大。究其原因，是由于电模拟法主要是一个求解差分方程的工具，在这里需要精确计算上千个电阻的阻值以构成庞大的模拟网络，其中一个核心问题就是"热的作用点"如何计算。为了解决这一课题，朱先生曾熬过数个不眠之夜，终于在一天早上，他满面春风地告诉同事们，问题已取得突破，并出示了他推导出来的计算公式，从此实验得以顺利地推进。

1959 年前后，研究所得到了一台具有 8 个放大器的模拟计算机。在朱葆琳先生的指导下，研究生丁景群用这台模拟计算机结合网络模拟，解开了描述色谱过程的非齐次偏微分方程。后来，研究所的另外几位科技人员也采用电模拟方法求解非线性的偏微分方程组，并取得成功。这样一来，电模拟计算方法研究开展起来了，并达到了很高的学术水平。当时，一些单位甚至派人来学习（在当时学术交流很少的情况下），或利用研究所的设备来解决他们工作中的难题，如固体药粒在浇铸过程中的温度场等。后来，数字电子计算机的快速发展终于使数字计算取代了模拟计算方法。

朱葆琳先生的学术思想非常活跃。在运用电模拟方法的同时，他深知计算机对研究"三传一反"的重要性。在20世纪60年代，他领导的化工研究室就组建了国内最早的电子计算机课题组，用电子管制造了一台数字电子计算机，虽然这台机器的计算速度只有每秒30次，但却是国内最早自主研制的数字电子计算机之一。

1966年，朱葆琳先生为了将科研和生产实践相结合，安排他的研究生吕日昌和计算机组的徐荫晟、唐洪山、张锡智、史习炎等5人去大连化工厂合成氨车间，与厂里的技术人员和工人师傅一起，进行合成氨高压反应器的内件改造。合成氨反应器是典型的固定床催化反应器。在充分调研和优化设计方案的基础上，他们选择了径向流动模式。反应器的"三传一反"的计算，就是利用大化所研制的数字电子计算机完成的。虽然速度慢了一些，但由于计算机组取长补短、努力配合，还是顺利完成了任务。通过优化计算，新设计的径向流动合成氨固定床反应器将原来的轴向流动反应器的合成氨产率由18%提高到了20%。这可能是国内最早的将数字电子计算机应用于化学反应器设计的实例。遗憾的是，"文化大革命"让这一科研成果没有来得及总结和正式发表。

跨学科研究毛细管色谱仪

20世纪50年代，色谱分析开始用于石油产品的化学分析，中国科学院石油研究所（今大化所）是全国色谱分析的领军单位。当时普遍应用的是填充柱分离和热导池鉴定器的色谱仪。色谱分析虽然广泛应用，但色谱分析的理论还未完善。作为化学反应工程学专家，朱葆琳先生敏锐地发现，色谱分离的过程是一个流动、传质和反应（吸附脱附）过程，在这方面，自己有优势从理论上研究色谱柱中发生分离的机制和规律。

他指导研究生丁景群深入研究了气体分子在毛细管色谱柱中的运行规律。鉴于毛细管色谱柱的直径和长度之比可以忽略不计,因此可以合理地将其简化为一维数学模型。由此可以将色谱分离过程、样品的流出曲线准确地计算出来。形象地说,样品注入色谱柱入口,各种分子在毛细管中开始"马拉松赛跑"。由于不同分子与毛细管壁相互作用力的差别,在"跑"的过程中就拉开了距离。他们的理论计算结果得到了实验的证实。这一理论研究可以用于优化色谱柱的设计,提高色谱仪的灵敏度和分辨率。也就是说,朱先生和他的学生丁景群的研究,把毛细管色谱分析理论化、数字化和定量化了。

与此同时,朱葆琳先生课题组与所属仪器厂玻璃工艺老师傅刘兴信合作,解决了拉制石英毛细管色谱柱的关键技术问题,对毛细管内表面进行改性、涂渍。他们借助于色谱分析以氢气作为载气的条件,成功地研制了氢火焰离子化检测器。毛细管色谱柱和氢火焰离子化鉴定器的结合,构成了新一代高灵敏度和高分辨力的色谱仪——氢火焰离子化鉴定器毛细管色谱仪。

物料通过色谱柱后物质分离,这不仅可以用来做化学分析,也可以用于物质的分离精制。朱先生的团队成功研制了实验室制备化学纯试剂的大型制备色谱仪及生产色谱纯有机试剂的工业色谱装置,促进了我国色谱研究及色谱分析仪器的发展。

朱葆琳先生和丁景群等研制的氢火焰离子化鉴定器毛细管色谱仪于1964年由中国科学院科学仪器厂定型生产,同年获全国工业新产品奖一等奖,1966年获国家发明奖。

国家最需要,我们最"合适"

合成氨是化肥工业的基础,向来是化工之重。当年大化所张大煜所长就曾带领团队攻克"合成氨原料气净化新流程三个催化剂"课题。合成氨是在高压反应器中进行的,单次转化率只有20%多一点,而在尾气中还留存着大量的氢气。氢气的回收利用是合成氨生产的关键技术之一。1979 年末，美国孟山都公司研制成普里森（Prism）中空纤维膜分离器，用于从合成氨厂驰放气中回收氢，可增产氨 4%，经济效益显著。朱葆琳先生敏锐地发现，开展气体膜分离研究，国内有迫切需求，所内又有制备中空纤维膜的经验，所以是一个"国家最需要，我们最'合适'"的课题。随即组织开展了纺制聚砜中空纤维膜、涂层涂孔和评价试验三方面的工作，很快取得可喜的初步结果。1983 年，氮氢膜分离研制课题被中国科学院列为全院 29 项重点攻关课题之一。朱葆琳和蒋国梁两位研究员领军攻关组，与所属仪器厂合作，成功地研制了中空纤维氮氢膜分离器，并与上海吴泾化工厂合作进行工业规模试验，达到了国外同期同类产品水平。

这时，朱葆琳先生已年过甲子，仍然时常亲临现场进行指导。他对年轻同志的请教，有问必答，从不敷衍，从不保守。攻关组同心协力，实验取得圆满成功。这项研究成果于 1985 年 11 月由上海市经济委员会和中国科学院联合主持鉴定，并获 1986 年中国科学院科技进步奖特等奖。朱葆琳先生还荣获了大连市 1985 年劳动模范称号。

氮氢分离研究团队（15 室）1985 年获所先进集体

项目鉴定后，朱葆琳先生并没有止步，他还要推广应用。为此，他向国家计划委员会申请，兴建膜分离器生产基地及工程开放中心，生产膜分离设备，在国内外推广应用。在朱先生推动下，大化所的膜分离器得以在 100 多个工厂使用，使得这个项目从实验室走向大规模生产应用，转化成为实实在在的生产力。

紧接着，朱先生又承担并组织了国家"七五"重大科技攻关任务——高性能中空纤维氮氢分离器（Ⅱ）（又称Ⅱ型膜分离器）研制和开发。

1989 年初，正当Ⅱ型膜分离器的两个关键技术——高性能中空纤维膜和耐温、耐压的环氧树脂配方筛选刚刚完成了实验室阶段性研究工作，课题组就接到安庆石油化工总厂的求助：该厂在 1986 年引进国外生产的大型膜分离器损坏，需要更替。年近古稀的朱先生接到通知后，立刻带领两位同事到现场解决问题。随行的一位同事对我们的膜分离器能否取代国外膜分离器有些缺乏信心，朱先生开导他说，虽然我们从没有见过国外的中空纤维膜分离器的结构，但我们自己的技术已经过关，没有什么可怕的，这是把我们的技术用上去的大好机会。这位同事深深被这位老科学家的科学精神和自信所感动。

1990 年 6 月，朱葆琳先生的团队为该厂研制的大型膜分离器替换了已损坏的国外膜分离器，并连续运行 6 个多月，性能稳定，达到了国际水平。年底，这项成果通过了国家验收。此项目不仅填补了国内空白，还赢得了很多荣誉。1991 年中国科学院授予朱葆琳先生"七五"重大科研任务先进生产者称号；该成果荣获 1992 年中国科学院科技进步奖一等奖和 1993 年国家科学技术进步奖二等奖。1994 年大连市为他颁发了科技金奖。

朱葆琳先生除了在民用化学工业的研发方面贡献颇丰，更为中国的"两弹一星"事业做出了重要贡献。他组织、承担了固体推进剂燃速调节、提纯重水的多管塔液氨蒸馏法，以及用于载人飞船及卫星氢氧燃料电池样机等项目的研究，并主持了固液火箭发动机和推进剂研究规划的编制。

科研路上的领军人

朱葆琳先生在研究所不仅做好自己的科研课题，而且承担了大量管理工作。他曾连续三届担任研究所学术委员会委员，其中两届担任副主任委员；先后三次担任主管科研业务的副所长，曾参加国家科学发展规划的起草，是大化所的研究方向、研究定位、长远发展规划的决策人之一。

1955 年 9 月，中国科学院石油研究所第一届学术委员会成立
张大煜任主任委员（前排右四），朱葆琳任委员兼学术秘书（第二排左三）

1955 年，国家《1956—1967 年科学技术发展远景规划纲要》起草与论证工作在北京西郊宾馆进行，朱葆琳先生同大化所的张大煜、彭少逸研究员一起应邀参加，并参与规划、起草了炼油学科的有关子课题。

1961 年，中国科学院批准中国科学院石油研究所改名为中国科学院化学物理研究所。所学术委员会针对研究所今后发展的性质、任务、方向等，在全所开展了一系列学术活动。同年 11 月，所党委书记白介夫召集张大煜、朱葆琳、顾以健、张存浩、楼南泉、陶愉生、卢佩章等 7 位科学家在上述活动的基础上进行座谈讨论，最后凝聚成全所规划纲领性文件。该规划设定全所要在 10 年内建设 6 个学科领域、完成 3 项任务。在这个规划指导下，"出成果""出人才"成为全所的共识。白介夫同志回忆说："朱葆琳同志和其他几位科学家一起，为此做出的贡献将永志不忘。"

1974 年，根据中国科学院《关于拟定十年规划的通知》的要求，朱葆琳先生主持制定了大化所的三个学科方向：大能量大功率化学激光器、新型能源—燃料电池研究、石油化学及环境化学（催化剂及催化反应、三废治理和综合利用、分析控制和仪器研制）。曾任中国科学院秘书长的郁文同志后来回忆说："朱葆琳主持制定的化物所三大研究方向，在 20 多年后的今天来看，这个选择仍然是非常正确的，他能做到这一点，是由于他对世界科学和技术发展敏锐的洞察，是他对国家建设需要的强烈责任感，以及他对中国国情的深刻理解。"

朱葆琳先生学识渊博、才思敏锐，在他 40 多年的科研生涯中，一直非常注重理论联系实际。他在科研选题上既注重基础研究，又注重实际应用。朱先生所选的课题，都是国家最需要的，并且经过努力都已经获得重要成果。化学反应工程基础研究、毛细管色谱、重水分离、石油气深冷分离、燃料电池到膜分离技术开发等，从原创理论到实用技术，可谓成就斐然，得到国家和中国科学院的多项嘉奖。朱葆琳先生的科研业绩在中国科学院和大化所的发展历史上写下了光辉的一页。

辛勤园丁，亦师亦友

朱葆琳先生是一位学识渊博、硕果累累的科学家，也是一位治学严谨、辛勤耕耘的园丁。他爱才惜才，对青年科技人员的培养倾注了满腔心血。他非常重视科研工作思路和职业道德的熏陶和传带，也十分注重培养青年人的独立工作能力。

朱先生曾担任大化所干部（人才）培养委员会的主任。在大化所工作的几十年，朱先生培养了多名博士和硕士研究生以及在职的年轻科研人员，培养了一大批科研骨干、博士生导师、课题组长和学术带头人。他们从朱葆琳先生那里获得了终生难忘的教诲，现在各自的科研工作中、岗位上已经发挥着重要作用。

　　1954年初，朱先生指导的第一位研究生是来自朝鲜的金京钟。朱先生克服语言方面的障碍，对他格外细心关照。金京钟对朱葆琳老师的培养和指导非常感激，回国后成为科研部门的主管。

1954年欢送金京钟回国
前排：金京钟（中）、朱葆琳（右）、郁重一（左）
后排：王学松（右）、游文泉（右）

　　1961年10月31日，《人民日报》发表了题为"踏上科学高峰的第一步——记科学家朱葆琳培养研究生丁景群的故事"。幼琴、姚堤两位记者在这篇文章中生动、真实地讲述了研究生丁景群如何在导师朱葆琳的悉心指导和热情关怀下，踏上科学高峰，成为中国科学院优秀研究生，出色地完成气相色谱理论的研究论文。在朱先生和丁景群共事的10年中，两人经常在实验室工作到深夜。实验、讨论、再实验，往往忘记了吃饭和休息。有时两人为了一个问题可以争论得面红耳赤，有时又为了某些新的发现、新的突破和进展而一起开怀大笑。

学生对老师发自内心地崇敬，老师对学生由衷地赏识；他们是师生，也是挚友。两人的合作成果累累，在国家核心期刊《中国科学》上发表多篇论文，荣获国家发明奖和全国工业新产品奖一等奖。丁景群同志不幸英年早逝了，但朱先生和丁景群的故事在大化所同事们中留下了永久的记忆。

朱先生惜才不仅是对自己的学生，对其他同事也是关怀备至。研究所的一位技术员是个能工巧匠，朱先生非常器重他。但有一段时间他沉迷于交际舞而导致家庭关系紧张。作为室主任的朱先生就耐心地给这位技术员做思想工作，启发教育，还有家访，促使他的家庭重新和谐。后来就是这位能工巧匠，与所属仪器厂老师傅合作，解决了拉制石英毛细管的技术难题。他在氢火焰离子化鉴定器的研制中也做出了贡献。

20 世纪 60 年代初，朱葆琳先生每年都招收一名研究生。那时研究生的基础课都是自学，导师指定教材，并辅导答疑。朱先生给每一个研究生选一个课题方向，然后根据课题方向选择专业基础课。在每周答疑辅导时，会讲述他的学术思想，引导学生独立思考和创新思维。研究生吕日昌至今记得朱先生曾给他讲莫扎特的故事。贝多芬和柴可夫斯基的交响乐已经达到顶峰，可是莫扎特以小夜曲创造了另一个顶峰。这故事启示我们，做科研要创新。他还经常说，两山之间必有峡谷。这启发我们，科学研究不能总跟着前人走老路，要学会创新思路，另辟蹊径。朱先生自己就是这样善于独立思考、追求创新的科学家。虽然受"文化大革命"影响，当时的一批研究生没有完成最后的学业，但朱先生的言传身教仍使他们受益终身。

研究生制度恢复，贺高红是朱葆琳先生收的最后一个学生，她的到来恰逢朱先生领导的膜分离项目攻关的阶段。秉承朱先生一贯的学术思想，她的论文是做中空纤维膜分离器的理论研究，就是化学反应工程学研究。她需要在熟悉制模、组装和应用全过程的基础上，建立膜分离器工作的数学模型，并给出数学解。在朱先生的悉心指导下，她出色地完成了毕业论文。贺高红现任大连理工大学研究生院副院长、教授、博士生导师。她说："我有幸在他老人家身边学习了近 5 年。先生严谨的治学态度、深邃的科研思想、豁达的人生观和多彩的业余爱好，深深影响着我，让我受益终身。"

1996 年 5 月 16 日，朱葆琳先生因突发疾病抢救无效，在大连不幸逝世。

许多人得知朱先生逝世的消息都非常难过，大家都为失去一位德高望重的科学家而感到惋惜和痛心。"其人虽逝，风范长存"。朱葆琳先生虽然已经永远地离开了我们，但他那热爱祖国、追求科学真理，勇于攀登科学高峰的精神和无私奉献的崇高品德，将永远激励着我们去完成他未竟的事业，为祖国和民族的兴旺发达努力奋斗！

聚变梦的开拓者
——记邱励俭研究员

张建平

（中国科学院合肥物质科学研究院）

你听说过核聚变吗？你知道什么是托卡马克装置，为什么它被称为"人造太阳"吗？

合肥科学岛上的中国科学院等离子体物理研究所（简称等离子体所），成立于 1978 年 9 月 20 日。四十多年来，一代代科研人员坚守人类的能源梦想，不忘初心，开拓创新，取得了令人瞩目的科研成就，等离子体所已成为国内外著名的核聚变研究基地。

"聚变梦"的由来

当今世界上的能源如煤、石油、天然气等，终究会因储量有限且不可再生，而不能永远满足人类的需要。当那一天到来时，人类社会所需的庞大的能源消耗将如何维持？

太阳发光散热，滋养着地球上的万物，其能量来源于核聚变反应。但是，太阳的核聚变反应是无法被人类控制的，因此，科学家一直在开发一种能由人力控制的核聚变反应技术。如果能在地球上建造一个像太阳一样不断发生核聚变反应的装置，且其原料可以从海水中提取——据估算，1 升海水经过核聚变以后，可提供相当于 300 升汽油燃烧后释放的能量，就可为人类提供取之不尽、用之不竭的清洁能源。

目前，科学家进行的受控核聚变研究，其原理与太阳相同，就是人工创造出一个类似太阳的环境，因此，人们将受控核聚变研究项目，形象地称为"人造太阳"。

"聚变梦"是人类的远大理想，从 20 世纪 50 年代开始，世界各国的科学家已为此奋斗了半个多世纪。

寻梦之初的机缘

风雨历程四十载，追寻聚变中国梦。2018 年，在等离子体所成立 40 周年的喜庆日子里，我采访了 85 岁的资深科学家邱励俭研究员。

邱励俭，1960 年在苏联动力研究所获工程物理副博士学位[①]，1971 年 5 月，从北京的中国科学院力学研究所（简称力学所）调来科学岛工作。在艰苦创业的岁月里，陈春先、严陆光、邱励俭、季幼章等老一辈科学家，锐意进取，甘于奉献，为开拓核聚变研究事业做出了自己的一份贡献。

邱励俭研究员曾任中国科学院合肥分院院长，在回忆中，他讲述了当年受控核聚变研究的探寻之路——

在中国科学院物理研究所（简称物理所）工作的陈春先，1959 年毕业于苏联莫斯科大学，是物理系的高才生。当他宣传在苏联看到的托卡马克装置时，引起了中国科学院领导的重视。"托卡马克"，在俄语中是"环形真空室磁线圈"的意思，是一种用磁约束来实现受控热核聚变的装置，由苏联库尔恰托夫原子能研究所在 20 世纪 50 年代发明。为了慎重起见，院领导向国务院请示了"关于中国科学院与核工业部在受控核聚变研究方面如何分工合作"的问题。周恩来总理非常重视，明确指示"受控研究两家搞，两条腿走路"[②]。于是，下达了

---

① 俄罗斯在 2003 年 9 月加入博洛尼亚进程之前的旧学制，分为三级学位，分别是专家（специалист，国内认证为硕士）、副博士（кандидатнаук，由于中国没有副博士学位，因此副博士毕业回国后教育部认证为副博士学位，相当于国内的博士学位）、博士（докторнаук）该学位很难获得，俄罗斯很多头发花白的老教授仍在为此努力。

② 邹士平主编：《科学岛记忆：组织机构卷》，合肥：中国科学技术大学出版社，2022 年，第 52 页。

《关于在安徽省安徽光机所筹建受控热核反应研究实验站》文件。安徽光机所的全称是中国科学院安徽光学精密机械研究所。当时正值"文化大革命"时期，安徽光机所由中国科学院和安徽省共管。文件的内容是：第一，建立受控热核反应研究实验站，简称受控站，编制为 110 人；第二，编制由安徽省解决，从全国各省调入人员；第三，经费由中国科学院筹措；第四，业务上由物理所和安徽光机所共同负责。1973 年 4 月，受控站正式成立，这是国家的一项重大科学决策，从此开启了我国受控热核聚变研究事业的航程。

宝贵的110名人员编制

陈春先和邱励俭被任命为受控站的副主任，主持业务工作。

1973 年 9 月，国家开始计划在合肥科学岛上建造一个大型热核反应实验装置，命名为受控热核反应 8 号装置，简称 8 号工程。

邱励俭带领安徽光机所一室和受控站，联合进行 8 号工程的设计、建造、实验工作。北京的物理所一室党支部书记李吉士和陈春先等同志也拟定了利用 8 号工程的电感线圈作为托卡马克装置的电源；设计了筹建 8 号工程的大中型托卡马克实验装置的方案；充分利用安徽光机所工厂的条件进行机械加工。

要建设这样大型的科学工程项目，人才队伍从哪里来？

当时还处于"文化大革命"期间，所有的大学生都分散在全国各地的农村、工厂、边疆地区，如何把他们中的优秀人才集结起来？

一封封商调函寄往祖国的四面八方，将北京大学、清华大学、复旦大学、中国科学技术大学等院校的一批优秀大学生和研究生调进了受控站，这些人后来都成了我国受控核聚变事业的先驱和骨干。

为了培养这支年轻的受控核聚变队伍，邱励俭等采取了一系列措施：

首先，邀请专家前来上课。因为谁也没有见过托卡马克装置是什么样子，邱励俭等就开始邀请专家康寿万前来为大家补习等离子体物理方面的专业知识——康寿万老师是我国著名空气动力学家郭永怀的研究生——于是，他就经常奔波于北京和合肥之间，多次讲授"等离子体物理"课程。这对将要开展的研究工作起到了不可估量的作用——因为当时国内尚无这方面的专业课程。

其次，将科技人员派出去学习。紧接着，研究所又派出年轻的科研人员和工程技术人员到物理所参加小型托卡马克装置——CT-6 的建造和实验，CT-6 即北京托卡马克装置 6 号。这使合肥这支年轻的队伍得到了锻炼和提高。

最后，论证 8 号工程的可行性。受控站还邀请在北京的物理所、力学所、中国科学院电工研究所的专家一起组织联合攻关队伍，共同研究 8 号工程的大中型托卡马克装置的方案，并利用外地的计算机进行空芯变压器的设计以及多轮的计算，论证了方案的可行性。同时，在现有的电源工程条件下，受控站自主加工建造了一个小型的托卡马克 8 号模拟装置——HT-6，大大提高了整个队伍在总体设计、加工、安装、调试方面的协同作战能力。

领取 8 号工程的"出生证"

1975 年 5 月，中国科学院秘书长郁文主持审查了 8 号工程主机方案。同年 10 月，在著名物理学家钱三强的主持下审查通过了 8 号工程初步方案，以 4000 万元人民币的总经费向国家计划委员会申请立项。

随着 8 号工程方案的通过，科研人员也完成了主机的初步设计。但主机的部件重达 50 吨，需建多大的厂房，需要怎样的电源？随之而来的还有大量的非标件加工、标准设备订货、实验场地设计、土建工程要求等，这些问题该如何解决？

机会来了。1976 年，邱励俭和陈春先、李吉士、陈苗生等参加了"中国核物理与等离子体物理"代表团，赴美国进行了近一个月的学术交流。这是一次极好的学习机会，代表团几乎访问了美国所有的聚变实验室，结识了很多美国同行，了解了许多有用的信息，为完善主机设计中存在的问题找到了解决的办法。这时，大家更加明确了 8 号工程在国际核聚变研究中所处的地位，大大增强了对建造大中型托卡马克装置的信心。

1977 年，国家批准 8 号工程立项，并要求扩大初步设计，在有限的 4 年时间内完成这一宏大目标。至此，8 号装置工程的"出生证"终于领到了。

这时，就需要有一个独立的机构，集中人力、物力、财力去建设这项大型的科学工程，等离子体所的成立就水到渠成了。

等离子体所在"科学的春天"诞生

1978 年 3 月召开了全国科学大会，在"科学的春天"里，中国科学院在全国设立了 12 个分院。1978 年 11 月 28 日，中国科学院合肥分院在科学岛成立，下设四个研究所：安徽光机所、等离子体所、固体物理研究所和合肥智能机械研究所。

1978 年 9 月 20 日，等离子体所正式成立。陈春先和邱励俭等出任研究所副所长（所长空缺），下设 6 个研究室和 1 个加工厂，全所共计 300 余人。一年之中，工作进展很顺利：建设费用有了专门的户头，土建施工队伍进场，标准设备到货，全所上下齐心协力，争取早日完成 8 号工程项目。

然而，1979 年国家进入一个经济调整期，建设规模急需压缩。1980 年，中央二号文件传达的精神是："二机部的托卡马克装置将在明年建成，科学院不必另建。"中国科学院决定在 8 号工程停建的情况下，继续办好等离子体所。

在新形势下，中国科学院要求邱励俭等所领导尽快拿出 8 号工程的替代方案。于是，全所调整到了"中小型、多途径"的聚变研究方向，主要在以下四个方面开展科研工作：将 HT-6 装置改造为 HT-6B 装置，新建 HT-6M 装置，与物理所合作建造磁镜－热电子环，合作建造 MPT-X 多极器－托卡马克。

这四个小型装置的研制成功并应用于开展物理实验，极大地锻炼了我们的科研队伍。同时，研究所派出多批人员出国学习，邀请国内外专家来合肥讲学，与中国科学技术大学联合办研究生班，并承担北京正负电子对撞机输运线磁铁的加工，形成了研究所电物理生产加工的力量。

在这些小型装置上，研究所陆续取得了一批科研成果。例如，论文"在HT-6B 上利用螺旋绕组去影响 MHD"被在伦敦召开的国际会议选为联合口头报告，这在国内当时还属第一次。1979 年，等离子体所有了硕士学位授予点；1981 年，又有了博士学位授予点。

1983 年 5 月 10 日，霍裕平出任等离子体所所长，全体科研人员励精图治，向着中国特色的聚变研究之路继续前进。

访问苏联的一次机遇

核聚变研究的历程，可以浓缩为一部托卡马克装置发展的历史。半个多世纪以来，世界各国建造了超过 100 台大大小小的托卡马克装置。等离子体所当时拥有的中小型托卡马克装置，只能出文章，提高基础研究水平。要想建成一个有国际影响的聚变基地，必须要有较大的托卡马克装置。但建造大型装置需要一大笔经费，如何能在经费有限的情况下，拥有一个较大的托卡马克装置进行科学研究，就被提上了议事日程。

1987 年，霍裕平所长和邱励俭副所长访问了苏联库尔恰托夫原子能研究所。正是这个研究所于 1958 年建造了世界上第一台托卡马克装置，取名 T-1。接下来，他们又进行了十几年的探索，终于在 T-1 的后续型号——T-3 上获得了国际领先的研究成果，开启了磁约束托卡马克核聚变研究的新时代。1970 年之后，苏联又建成了 T-7，它是国际上第一个超导托卡马克装置，连续运行了 5 年。此后，一个更大的超导托卡马克装置——T-15 研制成功，T-7 就被闲置了。

访问中，霍裕平和邱励俭对这台 T-7 特别感兴趣，并产生了利用它、改造它的念头。库尔恰托夫原子能研究所的领导卡当促夫院士也看出了他们的想法。1989 年 11 月，在合肥举行了一次中苏混合堆讨论会，苏方团长是来自库尔恰托夫研究所的阿尔诺夫教授，他对等离子体所留下了极好的印象。不久，卡当促夫院士写信给霍裕平所长，表示愿意把T-7装置赠送给等离子体所。

就这样，邱励俭和王绍华、舒炎泰、毕延芳4个人前往苏联库尔恰托夫原子能研究所，落实T-7搬迁合肥一事。

毕延芳研究员在回忆中这样写道：邱励俭任谈判组组长，他曾于1960年获苏联动力研究所工程物理副博士学位，能说一口流利的俄语，负责整个谈判过程。

在与苏方的谈判中，有价格和技术方面的一系列问题。首先，苏方要求的条件很高，邱励俭以娴熟的俄语与苏方进行了反复协商、沟通，维护了我方的利益。谈判中的一个焦点在于：T-7到了等离子体所以后，苏方给予设备的拆开、组装、调试的全部技术支持；保障组装后能成功运行和进行放电试验研究；保障涉及的相关配套设施有电源和冷源的提供及备份的制冷机、低温工程技术的全套支撑等。双方还在支付苏方计算机和生活用品方面达成了协议。在整个谈判过程中，邱励俭时刻与霍裕平所长保持联系，因为等离子体所的经费也非常有限，所以每一分钱都必须谈到位。

终于，在1993年至1994年，我们用40节火车车皮，将400多吨的装置和附属设备运到了等离子体所。

为了节省接待费用，邱励俭经常在家中招待来自远方的客人。为此，邱励俭夫人慕惠玲努力地学习烹调手艺，冷菜、热菜都能花样不同地做上几十道。工作之余，苏联专家们都喜欢来邱励俭家中作客。他们吃完饭后，又唱歌又跳舞，表达了对在中国工作和生活的满意和感谢之情。

经过数年时间，研究所完成了对T-7的改造，并将装置更名为HT-7，即合肥托卡马克7号。

1995年，HT-7正式投入运行，使我国成为世界上继俄、法、日之后第四个拥有超导托卡马克装置的国家。超导材料可以避免线圈的发热，利用这一特性，有利于托卡马克装置的长时间运行。HT-7"服役"的18年中，进行了近20轮科学实验，总共放电10万多次。特别在2003年3月31日，实验取得重大突破——获得了超过1分钟的等离子体放电。这是在国际上继法国之后，第二个能产生分钟量级高温等离子体放电的托卡马克装置的国家，标志着我国的核聚变研究跨上了一个新台阶。2006 年，等离子体所在合肥举办了"第 17 届等离子体和壁相互作用"国际会议，使我国进入了世界核聚变研究的主流行列，为中国的核聚变研究事业全面走向国际舞台开拓了一条创新之路。

然而，HT-7 只是一部分线圈使用了超导材料，而托卡马克研究的最终目标是建成常规运行的聚变堆，实现商业发电。要实现聚变堆长时间持续运行，就需要托卡马克装置中所有的线圈都具有超导性能。国家从核聚变研究的长远目标考虑，于 1998 年立项，设立专项基金来支持这项研究。等离子体所经过 8 年的技术攻关，在 2006 年成功研制出先进的超导托卡马克装置——EAST。EAST 具有"东方"的含义，所以这套装置又名为"东方超环"。

2017 年，EAST 实现了稳定的 101.2 秒长脉冲高约束等离子体运行，成为世界上"第一个达到百秒量级"的托卡马克装置。EAST 国际顾问委员会称这一成就是"全世界核聚变能源开发的重要里程碑"。

在长期的科研工作中，邱励俭荣获了国家科技进步奖一等奖、中国科学院科学进步奖特等奖、国家自然科学奖二等奖；先后发表论文 100 多篇，出版了学术专著《核聚变及其应用》《核能物理与技术概论》，翻译了俄文学术专著《低温等离子体》《电弧等离子体炬》等。

为国际合作建言献策

邱励俭研究员 2001 年退休，但他退休不退岗，而且做了三件大事：建言献策、著书立说、培养人才。

在建言献策方面，邱励俭为国际热核聚变实验堆合作项目做出了自己的一份奉献。

能源和环境问题是 21 世纪全人类面临的共同挑战。20 世纪 80 年代起，国际上一些国家决定联合起来，建造一个更大、更先进的托卡马克装置，即国际热核聚变实验堆（简称 ITER）计划，这将成为推动核聚变研究走向实用化的关键一步。

ITER 计划是当今全球规模最大、影响最深远的国际科研合作项目之一。当时，这个项目只有美国、欧盟、俄罗斯和日本才是正式的成员，如果中国能加入这个项目，意义十分重大。

受科技部委托，霍裕平院士和邱励俭研究员共赴莫斯科，调研了俄罗斯参加 ITER 计划的全部工作情况。由于邱励俭能说一口流利的俄语，又参加过引进库尔恰托夫原子能研究所的 T-7 及其改造的全过程，工作经验相当丰富，因此他们与俄方交流也十分顺利。他们的这次调研，为我国参加 ITER 计划国际项目提供了第一手资料。

回国以后，邱励俭多次参加了科技部召开的研讨会，论证了我国加入 ITER 计划的可行性方案、步骤与对策。2003 年 2 月，中国决定正式加入 ITER 计划，并承担了该项目中一部分设计和建造工作。2006 年 11 月 21 日，欧盟、日本、俄罗斯、中国、韩国、印度、美国七方在巴黎正式签约，ITER 计划的选址就定在法国南部的卡达拉舍。

ITER 计划正在建设中的大型全超导托卡马克聚变实验堆，其意义十分重大。虽然离真正的商业应用还有相当长的路程要走，但人类已经看到了可控核聚变能源进入实用化的光明前景。

著书立说，培养人才

为了培养从事核聚变研究的人才，从 2001 年开始，邱励俭伏案写作，编著了《聚变能及其应用》一书，于 2008 年由科学出版社出版。邱励俭集自己几十年的科研经历与智慧，在书中介绍了等离子体物理、聚变堆设计等各个方面的内容，包括堆芯、表面物理、加热与驱动、包层、磁体与电源、真空与冷却、材料、安全评估、经济分析与前景等。书中附加的大量图形和表格，都是邱励俭自行绘制的。虽然年事已高，但他自强不息，笔耕不辍，为中国科学技术大学和其他高校奉献了一部精品教材。

俄罗斯科学院西伯利亚理论与应用力学研究所，是低温等离子体领域的国际学术领先机构，在领域内很有权威。该所出版了一套"低温等离子体系列丛书"，共 20 卷，其中的第 20 卷是总结卷。2004 年，该所的负责人将第 20 卷赠送给了邱励俭一本。他阅读以后认为，这本书总结了苏联及俄罗斯在低温等离子体领域的研究精华，很值得向中国科技界推荐。于是他积极与俄方联系，征得同意后，对第 20 卷进行了翻译。多达 70 万字的翻译量，邱励俭付出了巨大的心血。凭借着娴熟的俄语基本功、扎实的专业知识，用了多年时间，终于使得这本经典著作——《低温等离子体：等离子体的产生、工艺、问题及前景》问世。该书一出版就受到了科技人员和高校师生的欢迎，成为我国大学核物理专业的教科书。

2003 年，中国科学技术大学为研究生开设了一门"核能物理与技术"公修课，急需专业老师授课，于是聘请邱励俭先生担当这一重任。邱励俭向学生讲授了"核循环经济"的课程，内容包括裂变反应堆及快中子增殖反应堆、磁约束聚变堆及聚变-裂变混合堆、惯性约束聚变堆、加速器驱动次临界装置和统一的合理的燃料循环。从 2005 年开始，国内大规模发展核电站，为了培养这方面人才，邱励俭在原有课程的基础上又编写了新的教材：《核燃料与核燃料循环》，在 2007 年至 2009 年向研究生授课三年。

2009 年 1 月，由中国科学技术大学与等离子体所合作，中国科学技术大学核科学学院正式成立。邱励俭的《核燃料与核燃料循环》，与另外几位老师合著的《核安全》《核材料》《核能物理与技术概论》（邱励俭为第一作者）成为该学院的四门专业课。这四门专业课不同于国内已有的课程内容，它既讲授核裂变也讲授核聚变，同时还讨论加速器驱动核能，还有聚变-裂变混合堆的新型核能，成为在国内领先的大学专业课程。

邱励俭研究员教书育人，桃李芬芳。

等离子体所于 1978 年开始招收研究生，邱励俭副所长分管研究生工作。1981 年，中国第一届等离子体物理研究生班在中国科学技术大学成立，那是集全国等离子体物理学界之力举办的，导师中就有等离子体所邱励俭、陈春先、季幼章、霍裕平等。

2023 年出版的《科学与人生》一书中，记录了等离子体所一批批研究生毕业后，在追梦的征程上，自强不息、报效祖国的感人故事。

今天，等离子体所正在中国的大地上筹建中国聚变工程实验堆。相信，经过一代又一代科技人员的接续奋斗，在不久的将来，被"人造太阳"之火点亮的第一盏灯，一定会在中国的大地上闪闪发光！

破茧化蝶　百炼成钢
——崔伟宏院士科研工作点滴

王为民

（中国科学院空天信息创新研究院）

写 在 前 面

退休后，我每次去单位总爱到一楼崔伟宏先生的办公室转转。崔先生虽已是耄耋之年，依然照常上班，带博士搞课题，不辞辛劳地去追逐、实现他的初心梦想。

不得不服，87 岁了，老而弥坚如他者，仍在科研战线躬耕不息的，实属罕见。

如他所言：一辈子没有其他爱好，就是老想力所能及地多做点儿实事儿，不辜负毛主席 1957 年在莫斯科大学礼堂接见时说的"希望寄托在你们身上"的殷殷嘱托。

云淡风轻，没有豪言壮语，又好像是个再合理不过的理由。

别人在这个岁数，都早已退休，颐养天年去了，但他仍然干劲十足，你就看他这几年接踵而来的荣誉：

2012 年，被俄罗斯自然科学院批准为外籍院士；

2016 年，当选俄罗斯自然科学院主席团成员；

2017 年，荣获俄罗斯自然科学院思维力及重大贡献奖；

2019 年，荣获莫斯科测绘大学（简称 MIIGAIK 大学）荣誉科学博士学位；

2019 年，荣获国际欧亚科学院金质奖章；

2021 年，当选首届联合国科学院院士。

国内兼职、专职职位和荣获、奖励就更不用说了。

崔伟宏（前排右三）荣获莫斯科测绘大学荣誉科学博士学位

　　他所获这些荣誉无不表明：天道酬勤。有耕耘就有收获，有投入自然就有回报。

　　我曾多年在崔先生引领下工作，包括他当室主任我当党支部书记时的默契配合。

　　崔伟宏确是科技界执着、睿智的有心人，是高瞻远瞩的科学家。他志存高远，总能从纷繁复杂的社会、自然百态中捕捉到趋势亮点，进而做出石破天惊的大文章。

　　因此，时而见见面聊聊天，受崔先生研精覃思的风格感染，精气神儿自然也会随之提振！

初见年轻的老崔

　　我认识崔伟宏先生是在五十多年前。第一次见面的情景至今记忆犹新。

　　那是 1971 年初，我们从第 32 测绘大队转业到了中国科学院地理研究所

（简称地理所）。经过入职培训，我被分配到了崔伟宏负责的地图室专题图组，那时叫四连一班。

上岗路上我们的心情激动而忐忑。路上，领导告诉我们班长是老崔，52年的留苏生。我一听，脑海里就浮现出了面沉似水、戴副高度近视眼镜的老学究形象。

走到办公室门口，领导喊："老崔在吗？看给你送来了两员干将！"

"欢迎欢迎，快请进！"进门只见一个也就二十多岁、戴紫色羊剪绒帽的年轻帅哥儿，刚在水龙头喝完凉水，抹着嘴巴上的水，笑呵呵地伸出手来，要和我们握手。

我看着这个叫老崔的人，第一反应是惊诧，心想这老崔哪里有半点儿"老"哇！

直到后来老崔也称呼我"老王"时，我才醒过了神儿——敢情在这知识分子成堆的地方，"老"是尊称，和实际年龄不搭调儿。

仔细端详，这老崔中高个儿，秀气的脸，皮肤白皙，目光深邃透着深沉，身材虽说不上强壮却看着健康。你想啊，都敢那样"咕嘟咕嘟"喝凉水，身体能差得了吗？我甚至有点儿不相信眼前这文静帅气的年轻人居然是具有留苏履历的地学翘楚！

崔伟宏（右）与王为民（左）
在野外工作

第一次见面，老崔就给我留下了"少相""健康"的深刻印象。还别说，老崔现在年近九旬了，还宝刀未老，健康依然！

关于崔伟宏先生直接喝自来水这习惯，后来我曾问过他是否还在继续，他笑着说不敢啦，毕竟身体是革命的本钱嘛。

领衔主编我国首套"宇航"系列地图

崔伟宏班长刚把我们引见给全班同事，就要求我们尽快投入工作。

领受任务的我们热血沸腾，因为要参加的竟然是我国首颗卫星发射相关的大工程。

作为我国卫星工程起步工作的一部分，1965 年受国防部国防科学技术委员会委托，地理所地图室同步编制"651"工程、"671"工程应用系列地图。这为我国地图融入卫星工程开了先河。

由崔伟宏负责研制的宇航系列地图由 6 种不同中国地图和世界地图组成。地图采用墨卡托投影，并采用刻图法等新技术成图。

我参加的是制印修版：寻找最佳黏合剂并开展试验为基地镶嵌地图。

宇航地图要求高，当时能承接这项工作的印刷厂不多，我们最后选定在新华印刷厂印刷。我们每天就在老崔带领下，风雨不误地骑车去新华印刷厂修版；中午头顶烈日，到大街上买碗 3 毛钱的面条，吃完返厂继续工作。

制印流程循序推进，不料制版时却发现分版套合误差严重超标。

精度是地图的生命。老崔当即组织召开"诸葛亮会"，找出了图膜"热胀冷缩"是问题根源；商量解决办法是将图膜冷冻还是趁"凉"制版。

费尽千辛万苦最终找到通县冷库为我们冷冻图膜。可从"库"到"厂"的路途遥远，保温极难，我们就仿照老太太卖冰棍的措施——用棉被把图膜包裹一层又一层。

同事从冷库租车风驰电掣地将图膜送到准备就绪的制版车间。众目睽睽之下，经过"固定—聚焦—拍照……"随着紧盯放大镜检验的老崔一声"过了!"，大家如释重负，欢呼雀跃！

黏合拼贴试验也困难重重：试了好多种胶，效果都不理想。我们最后找到一种类似 502 的化学黏合剂，粘得倍儿牢；但干得太快，必须一贴准。这对拼贴来说是致命缺陷——不能移动就没法控制精度。黏合剂的特性难改，我们只好练速度，掐表反复练"眼疾手快"，最终达到了精准拼贴要求。

可等到渭南卫星基地看到铝合金幕墙我们又傻了眼——这和我们试验的条件大相径庭！

发愁没用，办法总比困难多。我们殚精竭虑试了好多套方案，方使得宇航地图的镶嵌拼贴工作圆满收官。

验收后，我们受到基地发文表彰。基地认为宇航镶嵌图质量上乘，经卫星跟踪应用，完全符合要求。

上述虽是两个小例，但编图攻坚克难可见一斑。为此，由崔伟宏主编的"宇航"系列地图被列入《中国测绘大事记》（内刊），而这个项目荣获 1978 年全国科学大会奖更是实至名归。

国内最早提出"地图制图自动化基础
应为计算机"

传统的地图制图方法之落后令测绘界苦不堪言。多年来，业界虽对制图流程、工具等多有改进，只可惜仅治了标，未能治本。

直到 1970 年 5 月在陈述彭先生支持下，崔伟宏提出了"以计算机为基础的制图自动化"构想，我国才首次明确了地图制图自动化的正确方向。

仿佛是为了印证崔伟宏等提出新思路，国家把国际展览会留下的加拿大的数字化器和法国的绘图机送给了地理所。

当人们看到绘图机按照电脑指令，自动绘制出要素完整的地图时，才眼见为实地认同了电脑系统的神奇。

为纵深推进，崔伟宏还请来了研制我国首台地图扫描机的专家杨世仁科普计算机绘图的原理和方法。未承想，杨世仁后来竟成了我们中国科学院遥感与数字地球研究所（简称遥感所）的首任所长。人们笑赞老崔有先见之明！

陈述彭、崔伟宏等的地图自动化建议，引起中国科学院的高度重视。院领导小组把地图制图自动化作为新的开拓领域，列为中国科学院重大科技攻关项目。

于是陈述彭领衔制图自动化科技攻关项目；崔伟宏担纲制图自动化组组长，组织推动项目的实施。

这无疑是一个宏大、全面的设计。中国科学院的五个研究所、两个科仪厂投入了制图自动化四个系列设备的研制工作之中，包括在人才准备方面也下了很大功夫。

陈述彭院士（右二）和崔伟宏（右一）等研讨工作

陈述彭、崔伟宏前往南京大学召开座谈会，为培养制图自动化专业的急需人才做准备。

我本人有幸被推荐到南京大学地图自动化专业学习。我们回到北京地理所实习期间，崔伟宏带领自动化组不仅授课，还手把手地辅导学生解决难题，师生用电脑绘制完成了我国首幅全要素《江县地图》。

1979 年底遥感所正式成立，计算机辅助制图研究室会同南京大学地图自动化专业的老师们及用户，以机助制图为主合作编撰完成了《天津市环境质量图集》。

这是崔伟宏等地图制图自动化设计者们十多年来孜孜以求的系列成果之一。

图集由航天航空遥感影像和各种专题图（170 幅）及文字说明构成。这在我国是机助制图编图集的首次尝试。

图集和机助制图软件系统荣获中国科学院重大科技成果奖二等奖。

不断寻求突破才是生存发展之道

本来地图制图自动化的新潮势不可挡，不料偏遭不测风云，本来超"火"

的机助制图研究室陡然跌落低谷。究其原因有三：

一是世人都看到了自动制图难得商机，立马你搞我搞大家都在搞，稀释了市场。二是向钱看、无序竞争。这导致"一盘棋"格局不见了。三是主管部门导向、拨款模式发生了改变，国拨经费日渐减少，趋向于无。

我们这个正宗的制图自动化研究室，如同蜡烛照亮了别人却燃烧了自己。

一时我们室科研经费捉襟见肘。

老崔作为室主任急忙找领导求解燃眉之急，得到的答复却是："要钱没有。你们要讨论方向任务！"

面对穷途末路的困境，全室反复讨论，莫衷一是。老崔顿悟："求人不如求己，怨天尤人没用，'等靠要'别指望，放手一搏才有未来！看样子我们只有高唱《国际歌》，自己救自己了！"老崔的话语掷地有声。我是党支部书记，自然全力支持。

动起来，心动不如行动。老崔疏通渠道"请进来""走出去"，梳理成果将之都做演示系统。凡来访参观者，这些都会让他眼前一亮、过目不忘。

在课题立项方面，秉承"打铁还得自身硬"理念，立意"人无我有，人有我精，人精我特创品牌"，用事实打动用户。

同时，研究室适度吐故纳新。大家齐心合力，以滴水穿石的精神，愣是从低谷杀出了一条血路。

当然，珍惜机会并不等于放弃原则。当得知和我们合作的某台商诋毁大陆文化时，崔主任就果断终止了合作。

昔日濒临凋谢的制图自动化之花，在崔伟宏主任这样的园丁的辛勤呵护、浇灌下终于枯木逢春，结出了累累硕果。

率先推出微机空间分析与引导系统

微机引导系统是崔伟宏作为访美学者归来后结合国内实际情况的一次开拓性尝试。

项目以蓟县为试验区，由人机交互数据采集系统、空间分析指令系统、引导系统、空间分析模型和多功能图形显示系统等多层次结构组成；形成以微机为基础、以空间分析为核心的多功能、综合性的资源环境信息系统，是地理信息系统实用化、微机化的一个新发展。

项目荣获中国科学院科技成果奖三等奖。项目文集获测绘学会优秀论文奖一等奖。

这也是崔先生别出心裁的特别设计：凡是他主导的项目都同步出版文集。这既是项目研制过程的纪实文档，也是对参研人员的提职馈赠。

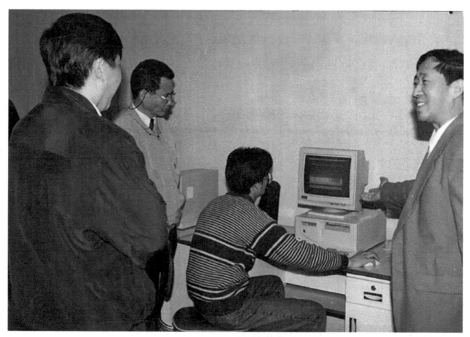

崔伟宏（右一）介绍微机空间分析与引导系统

国内最早开展超图数据结构研究应用

面对课题竞争困境，崔伟宏审时度势，适时把视角投向一些数理内容较多的、偏科冷门的难啃的骨头。

　　超图数据结构是法国布莉提出的新一代空间数据结构。崔伟宏在美国时就对其进行过深入研究。回国后，在两项国家基金支持下，他以北京朝阳区为基础，建立了在三维空间拓扑理论基础上的超图数据结构和自动拓扑分析、超图数据结构目标定向分析及空间层次分析方法，为超图数据结构从理论走向实用创造了条件。

　　据此编写出版的专著《空间数据结构》，被中国科学技术大学纳入了教学课程。

　　1985 年 11 月，温家宝同志到我所考察，观看了我室建设中的亚运村工地的系统动态监测评价分析演示，认为很直观、很有意义，说要请北京市负责亚运会建设的张百发副市长来看看，应该会从中受到启发。

　　这无疑是对我们的巨大鼓舞和支持。

崔伟宏（左二）指导超图数据结构研究及应用

请来外国总统推进项目合作

"闷头做大事"是崔伟宏的一贯风格。

经过不懈努力，1994 年 4 月，崔伟宏请来了厄立特里亚的总统访问遥感所。这是中国科学院建院以来首次有外国总统访问中国科学院的研究所。

这件事的起因是新加坡巨贾林立明对崔伟宏领衔的机助制图和可持续发展决策支持系统极感兴趣，曾多次来所参观、洽谈合作。新加坡前国防部部长也曾被请到遥感所，为项目合作定向。

由林先生引荐，厄立特里亚驻华大使到遥感所参观。其间崔伟宏结合厄立特里亚实际畅谈了遥感等新技术的合作发展前景，大使回去汇报后，他们的总统做出了参访决定。

我当时作为主管外事的科技处副处长参与了组织接待。

厄立特里亚总统一行仔细观看了遥感图像处理，空间定位与快速制图，成像雷达遥感应用等成果演示，给予极高评价并促成了合作。

崔伟宏（前排右一）等向厄立特里亚总统
（前排左六）介绍科研成果

厄立特里亚总统访问后，崔伟宏研究员即带队两次前往厄立特里亚开展了合作研究，取得了大量成果。

1995 年在西安召开的中国科学院外事工作会议上，各所外事主管都对厄立特里亚总统访问事件赞赏有加。王佛松副院长称厄立特里亚总统访问事件是我院"开天辟地的大事件"！

遥感所也因此被评为中国科学院外事工作先进单位。

大事件发酵，回味无穷。2005 年 2 月，厄立特里亚总统再访遥感所。双方又加快了继续合作的进程。

率先提出区域可持续发展决策支持
系统理论并予实践

黄淮海可持续发展决策支持系统既是崔伟宏主持的国际合作项目，又是他学术思想的实践集成。

该项目的设计如同顶级弈者的巧妙布局使之覆盖黄淮海地区 300 多个县。棋眼即典型实验区，包括山东蓬莱、周村，江苏铜山、大丰，以及河北正定等，各具特色。纵、横两条线互补合理。纵：能宏观规划、中观管理评价、微观工程决策，三个层次结合；横：可动态监测—动态分析—动态规划，反映趋势异动。加之精确地理定位和覆盖分析反映空间性；多种信息源不同数据结构反映需求限制性；指标评价体系反映科学精准性，崔伟宏奇思妙想，深不可测。

由崔伟宏率领的团队的实地调研、信息采集等工作是深入的。每次前往崔先生都不坐卧铺，和我们一起坐七八个小时硬座，在实地和大家同甘共苦。他不仅了解主管部门相关统计、规划、总结等文档资料，而且深入一线基层实地踏勘以获取第一手资料。为此，根

崔伟宏（右二）等和美国专家（左一）在野外
做农业决策支持系统

据不同的区域特征、发展方向，建立的多个子系统具有广泛的代表性。

系统将超图数据结构理论研究和应用研究紧密结合，建立了 RS/GIS 一体化数据模型；应用人工智能等以农业可持续发展为中心建立了包括遥感动态监测、分析评价、预测预警、管理规划与决策支持子系统及数据库的完整体系，

为可持续发展研究走向实用化开辟了一条新途径。

该项目分获农业部科技进步奖二等奖、中国科学院科技进步奖二等奖。同时，项目成果也以专著的形式出版了。

促进产业化推出车辆安全监控系统产品

在科研路上，崔伟宏从不墨守成规，他由科学研究迅速向工程技术产业化转型则得益于厚积薄发。

1997 年，国家遥感应用工程技术研究中心成立。崔伟宏团队划归中心管理没多长时间，就组织了核心部件"GPS 智能引导系统"专家鉴定会。进而与西安城市安全监控中心合作推出了"西安市车辆安全监控系统"样机。

科技部徐冠华部长亲赴西安参加了系统演示会并讲话予以肯定，临返京，要求崔伟宏改签和他乘同一航班，以便途中和他讨论产业化等问题。

国家科技部门负责人的关怀、期待溢于言表。

崔伟宏（右一）向验收专家组汇报卫星定位监控系统

未完的结语

勤奋好学是崔伟宏院士的一大特点。他被选派赴美访问学时，已近知天命之年，重学英语的难度可想而知。但他却迎难而上。记得学了没多久，外国专家来我们室讲课，他就上场当起了翻译。

综合提炼，分析思考是崔伟宏院士多年的习惯。故而他总能超前一步、领先一步。

地图制图自动化是这样；地信引导系统是这样；可持续发展决策支持系统、GPS 卫星监控系统等也是这样。

2012 年，他又出书提出了循环经济信息化的理论框架。

率先垂范，躬耕不已，教书育人，桃李满天下……

如今崔伟宏院士依然上班，依然在带博士生，依然在创新求索的前进路上：

构建"数字地球工程"；

推动"一带一路"国际旅游联盟和基地的建设；

笔耕不辍，推出《中国绿色低碳发展的对策及国际碳税研究》《自然是气候变化的主要驱动因素》等超前命题的论著；

主持的课题——"特色农业——'3S'技术在烤烟生产中的综合运用"仍在进行中；

面向大众的科普队伍里又出现了他的身影……

我们由衷感佩：老骥伏枥，志在千里！我们要弘扬崔先生的科研精神，传播他的故事，让科技强国之光越燃越亮！

怀念科学家父亲

范文基

（中国科学院兰州分院）

给卫星上油的人

1990 年的暑期，7 岁的外孙从外地到兰州的姥爷家过暑假。

外孙问姥爷："您是干什么工作的？"

姥爷把孩子叫到茶几前，让孩子轻轻推一下放在杯垫上的水杯，水杯没有动。姥爷往茶几上稍微倒了一点水，把茶杯放到水面上，让孩子把茶杯轻轻一推，茶杯滑动了。

姥爷说："为什么杯子动了？"

"因为有水呀。"

"对，水起了润滑作用。"

"润滑？"有点专业。

"对，这就叫润滑作用。一般来说运动的机械，都需要润滑。姥爷就是干润滑工作的。"姥爷认真地继续说，"你们家的自行车就需要上油润滑才能跑得快。"

"那你能给汽车上油吗？"

"当然了。"

"能给飞机上油吗？"

"能！"

"能给卫星上油吗？"

回答还是肯定的："能！"

"哇，给卫星上油！"小外孙投来了崇拜的眼光。

自此以后，有人再问起姥爷是干什么的？他就会自豪地回答：是给卫星上油的人。

这位可敬的姥爷，就是我们最亲爱的父亲，中国科学院兰州化学物理研究所（简称兰州化物所）的高级工程师范煜。

随父出征大西北

1958 年夏的一天，在北京南长街养廉胡同的一个四合院里，传来了一阵阵欢声笑语，这是母亲带着我们五个女儿从大连回到北京的娘家来了。亲戚和街坊邻居闻讯来看望，平时觉得挺大的四合院，此时屋里屋外都是人，好不热闹！

这一年，大连的中国科学院石油研究所（现中国科学院大连化学物理研究所）催化化学、分析化学和润滑材料三个研究室要整体迁到甘肃省兰州市，成立中国科学院石油研究所兰州分所（现兰州化物所）。其中就有我父亲范煜，我们家属也要随行。

从大连到兰州，需在北京转车，我们要在大舅家住几天。母亲是姥姥家最小的女儿，上面有四个哥哥。因父亲在大连工作，母亲 1947 年就随父亲去了大连，一去就是十来年。

大连是中国著名的港口城市。那里气候温和湿润，夏无酷暑，冬无严寒，风景旖旎。城市里遍布俄式、日式建筑，更有老虎滩、星海公园这样著名的沙滩浴场。大连老火车站是个两层建筑，两侧的引桥像两条臂膀抱着火车站广场。我们家就在老火车站附近的一栋日式小楼里，孩提时的我们常在车站广场上玩耍。

大舅避开人群，把母亲和已经上中学的大姐拉到一边问："你们真下定决心要去兰州？""是！煜（父亲）已经先去兰州了。研究所整体搬迁，要去 100

多人。我们那边的住房分好了，我的工作也安排了。大哥，你就放心吧！"

"看你们带着五个孩子，加上你公公，大小八口人，真叫拖家带口，义无反顾。煜是干技术工作的，北京也需要这方面的人才，你们就一点也没有考虑吗？"长兄如父，大舅还在继续劝说母亲。

大舅想起了什么，对外面的家人大声说："去把刘家老疙瘩（小儿子）喊一下，他去过兰州。"

大舅邻居刘家的小儿子是采购员，经常走南闯北。不一会儿，一个三十多岁的男子进门来，问清了我们一家确实要去兰州，他拿出了一张手绘的素描让大家看。画上的题字是"兰州黄河上的羊皮筏子"。

"你们在大连看到的都是大轮船，到了兰州，黄河上的交通工具就是这个，把囫囵的羊皮吹满气，捆扎在木排下，这叫羊皮筏子。"

"兰州可以游泳吗？"大姐问道。

"恐怕不行吧？那里比较干旱，汽车在土路上一跑，车后就扬起一条'黄土龙'。喝的自来水都是黄的，要先用明矾沉淀。"

老疙瘩又指着大姐身上雪白的连衣裙说："你这裙子放在那水里洗，会越洗越脏。"

"那里有什么特产？"

"兰州的特产，好像是水烟和药材。我上次出差还给别人带了一些当归。"

听到这里，大舅有点焦急："不是有首凉州词里说'春风不度玉门关'吗？连春风都不去的地方，能好吗？"此时气氛有点尴尬。

大姐打破僵局："大舅，我爸去兰州前还让我背会另一首凉州词，我来背给您听。"

"葡萄美酒夜光杯，欲饮琵琶马上催。醉卧沙场君莫笑，古来征战几人回？"抑扬顿挫，听起来感觉有些悲壮。大舅再没说什么，只是轻轻地拍了拍大姐的肩膀。

后来几天，家里人帮我们把浅色的衣服都洗一遍收好，大人孩子都换上深色的衣服，出征去兰州了。

中国科学院兰州分院坐落在兰州盘旋路东北角，与兰州大学毗邻，1958

年，分院有地质、地理、化学、技术物理、生物土壤、冰川等领域的研究机构。

1958 年至 1959 年，在中国科学院兰州分院的家属大院里，五湖四海来的随行家属们要克服生活上许许多多的困难：兰州的冬天很冷，我们的手脚都生了冻疮，冷了疼，热了痒；不像在大连做饭可以用"瓦斯"，家里要用煤炉做饭。对于点燃煤炉这等平常小事，大人小孩都不在行，只能现学——先点燃纸，再加小木柴，看小木柴着了，再加大木柴，大木柴着了，就加煤块。这"技术"掌握不好，就是满屋子的烟散后，火却灭了。

大院里一般家庭的每日行程是，上班的爸妈很早就第一批出门，晚上孩子们睡了，他们还没回来；早上醒了，他们又已经走了。所以，除了在周末，孩子们很难见到爸妈。

第二批出门的是上中小学的孩子们。那时附近没有中小学，上学都要走三四十分钟的土路。孩子们各自约上要好的同学一起出发。我们这一拨是上小学的，十岁的二姐带着我，叫上她同学和同学的弟弟，天还没亮，就数着闪亮的星星一起出发。

上幼儿园的孩子，有时妈妈还能送一下。如果家长没时间，只能是孩子自己去、自己回，五六岁的孩子就要带着三四岁的弟妹一起上幼儿园。

有一次，四妹带着小妹从幼儿园回家，下雨了，来时抄近路走的那个倒塌的土墙豁口变得很滑，只有三岁的小妹怎么也上不去，姐姐在前拉不行，在后推也不行，鞋子袜子都被泥粘掉了。当路过的阿姨赶来帮忙时，眼泪、雨水、泥巴已经把两个孩子糊成了小泥猴。

现在看幼儿园、小学校门口车水马龙的"接送大军"，真是不能对比呀！

1958 年来兰州后，父亲和他的同事们就开始建功立业了。

在兰州化物所 1982 年固体润滑材料研究室的简介材料里，有他们早期工作的一段内容：

固体润滑的研究在我所是从 1959 年开始进行的。现在看来，当时选题是正确的，既考虑到充分利用原来润滑油脂研究的基础和产业部门润滑油脂研究力量迅速成长的情况，又考虑到国际润滑学科的发展动态和我国中期发展的需要。工作一开始就显示出很强的生命力，1960 年就成立了固体润滑材料研究室。1962 年与上海材料研究所协作，解决了上海江宁电机厂生产的农用潜水电泵密封磨块问题，使该密封磨块的耐磨寿命从几百小时提高到 3000 小时以上，而且磨块的成本也从原来的每副 12 元减少到 2 元以下，仅这一项就为该厂每年节约了 30 万元成本费。在这项成果鉴定时，厂里的同志说："一项润滑措施救活了一个厂。"

　　1960 年至 1962 年，因长期劳累，加上营养不良，父亲患了浮肿病，脚踝处用手指一压，就是一个深深的窝，脚肿得连 44 码的鞋也嫌小，只能托人做大码布鞋。医生开了病休证明他也不理会，继续工作着。家里人不让他去上班，他答应得蛮好，说出门遛个弯，这一遛就又去上班了。后来，组织上关心，安排他住到疗养院，疗养一段时间后病情才得到了缓解。

终于知道了父亲的"秘密"

　　父亲身材高瘦，气质不错，尤其穿上合体的衣服后很是帅气。但是对于父亲的专业、工作，我们这些孩子原先知道的并不多。

　　记得那是父亲做胆囊手术时发生的事。刚从手术室出来的父亲，麻醉后还没有完全清醒，医生嘱咐我们陪护的家人跟他说说话，不要让他睡着。

　　"爸，你这辈子最喜欢什么工作？"老爸一时没反应过来。女儿又重复了一遍这个问题。老爸开始嘟嘟囔囔说起来，开始我们有点听不清楚，说了好几次，终于听清楚了，是解决了东方红一号卫星上机构的润滑问题；还看过卫星发射；在北京的人民大会堂开过会，见过人民大会堂满天星的穹顶……

　　我们几个女儿互相问道，你知道老爸参加过人造卫星的工作吗？难道就是那颗引起多少人泪点，拨动多少人心弦的东方红一号卫星？

　　"是东方红一号卫星吗？"父亲点点头。

　　还想问下去，他却静静地睡着了。我们这才知道了父亲的"秘密"。这些工作在当时有一定的密级，父亲从未和家人说起。

　　父亲于 2007 年逝世，我们整理他的遗物时，才对他的工作有了一些详细的了解。原来，父亲从事的固体润滑研究是一个实用性特别强而应用广泛的学科分支，它主要解决机械结构在特殊环境下（如极低温、极高温、真空等）工作时的润滑问题，在国防建设和多种民用工程中都有着重要的地位。人造卫星天线结构的导电润滑问题是卫星天线研制中的一个难题，如果解决不好，在极低温和真空环境下，天线结构的展开等动作就会失灵，这将直接破坏卫星的正常运行。父亲参加了东方红一号的短波天线结构特殊镀层的研制，"651"任务于1965年提出，固体火箭发动机1969年交付，卫星于1970年4月24日发射成功；参加了实践一号人造卫星的滑动轴承结构的研制，卫星于1971年发射成功。

到了2019年7月，我们有幸在中央电视台的《新闻联播》节目中，又一次了解了父亲和他的同事们的工作，及他们为祖国做出的重要贡献。报道题为"爱国情，奋斗者"。当父亲的照片在画面中出现时，我们都激动了："老爸，是老爸！"虽然这时父亲已经作古十二年，但是祖国没有忘记他们，我们年轻一代也没有忘记他们！

以下是报道内容的部分摘要：

1958年，在国家支援大西北的号召下，中国科学院石油研究所润滑等三个研究室由大连西迁兰州，来了108个人，当时戏称"108将"。他们义无反顾地扎根西部，这是祖国对他们的信任，是他们为祖国做贡献的一个大好的时机。他们怀揣科学救国梦想，在这里默默坚守，薪火相传，开创并发展了中国的固体润滑事业，为航空航天等国家重大工程奋斗了60年。

1957年苏联发射了全世界第一颗人造卫星，当时中国的航空航天事业还是一片空白，中国自行研制的润滑剂还如自行车用黄油一样的水平，在真空环境中会瞬间失效。1967年，中国第一颗人造卫星东方红一号研制进入关键阶段，然而卫星天线的导电润滑成为一大难题，这直接影响着卫星能否正常工作。科研团队夜以继日地加班加点，没有设备就用旧机床进行改造，没有材料就用废品改制……在比较简陋的实验条件下，最终硬是做出了合格的产品。

现在，兰州化物所固体润滑国家重点实验室的负责人可以豪迈地向世人宣告："固体润滑是航空航天等特殊环境中必须使用的润滑技术，应该说中国的每一颗火箭，每一颗卫星，每一艘飞船都有我们研制和生产的润滑材料和润滑产品，无一例外！"这铿锵有力的"无一例外"，就是对开拓我国固体润滑研究的先驱者们的最好告慰！

在父亲留下的众多奖状、奖品中，我们觉得"含金量"最高的就是 1977 年由兰州化物所党委和革委会颁发的先进工作者奖状。因为从 1966 年到 1976 年，国家要求解决固体润滑的课题并没有减少。他们是顶着巨大的精神压力和身体压力在坚持工作。当时写"交代材料"的时间甚至多于写论文的时间，他们硬是保质保量完成各项研究任务。这张奖状就是对父亲在"文化大革命"期间的工作的最好总结。

父亲的奖状

"文化大革命"中，父亲得了梅尼埃病，经常头晕目眩。他坚持上班，还幽默打趣："这个病想叫我卖女儿（美尼尔，梅尼埃病旧称美尼尔病），我是一个也不能卖的哦！"

父亲在他的科研生涯中发表过数十篇专业论文。他参加的"液氧泵干膜润滑剂"项目获 1965 年中国科学院二等奖；"固体润滑的研究"获 1982 年中国科学院自然科学奖①；"331 工程用齿轮涂膜"，获中国科学院 1985 年特别奖。②1984 年，父亲的传略编入了《中国科学院科学家人名录》。

———————————

① 编者注：应为国家自然科学奖三等奖。
② 中国科学院干部局编：《中国科学院科学家人名录》，北京：科学出版社，1990 年，第 126 页。

挺进新时代

1978 年以后，国家迎来了改革开放的春风，科学技术发展日新月异，父亲也迎来事业发展的又一次高峰。1979 年，所里成立了新学术委员会，父亲是润滑方面的学术委员之一。自此后还担任机械、材料、润滑等学会的理事和许多刊物的编委。

固体润滑专业是应用性很强的学科，很多生产、生活中的问题需要它来解决。此时，固体润滑材料除军用外，还要满足民用方面的需求。父亲的工作更加忙碌。在这里我摘录了父亲 1982 年 3 月 22 日至 4 月 27 日的行程日记，那年他 61 岁。

"3 月 22 日：上午所里安排工作。12 点赶到火车站，上 70 次列车，12：45 从兰州发车。

3 月 23 日：70 次列车 10：31 正点到洛阳。当即了解去十堰（第二汽车制造厂）的火车，需乘 209 次直快列车到襄樊换车。15 点多住进洛阳拖拉机厂招待所。晚上准备调查提纲。

3 月 24 日：买好第二天 832 次到十堰的火车票。草拟对洛阳拖拉机厂调查提纲。下午分两组，一组去洛阳拖拉机研究所；一组去洛阳拖拉机厂。晚上汇总整理调查内容。

3 月 25 日：行程：洛阳—襄樊—十堰—二汽总厂。

3 月 26 日：二汽总厂科技处马处长和其他同志介绍情况。

3 月 27 日：早上去二汽 60 厂调查。11：45 乘 304 次列车，21：53 到武昌，住大东门饭店。

3 月 28 日（周日）：上午整理二汽的调查资料，下午买船票。

3 月 29 日：上午到材保所，参观新实验室。下午到 ×× 学院，该地址曾经是吴佩孚的兵营。张教授接待，他是留苏的研究生。他详细介绍了他们的燃料情况。

3月30日：上午又去××学院，与他们科研部长和秘书谈干膜协作的事。张教授在场。下午接材保所转来兰州所里的紧急电话：6—9日务必到北京中科院外事局开会。

3月31日：上午上船前给所里回电报："接昨电，今船去沪。我6日到京。"

4月1日：难得清闲，可以在船上看资料。

4月2日：上午去上海胶体化工厂，沈工程师、陈厂长接待。下午找住处，大名饭店，提篮桥附近，离上海材料所近。坐22路公交车在海门路下车就是大门口。

4月3日：上午到民航局购买去北京飞机票。上胶所转来所里电报：直接去中科院外事局报到，参加学习和英语考试。下午去上海助剂厂，取得产品目录和性能介绍。

4月4日（周日）：全天准备赴京的学习资料。

4月5日：飞抵北京，准备材料。

4月6日：参加中科院出国学术会议人员学习班。上午学习注意事项。下午活动、办手续、学习有关材料。

4月7日：口试，8：30开始。我是17号。下午继续。

4月8日：笔试，8：30开始。在研究生院进行。

4月9日至10日：朱局长报告。出国人员培训。准备参加日本国际会议材料。

4月11日（周日）：下午五点到达山东南墅石墨矿研究所。今天周日，先去招待所住下。

4月12日：去莱西南墅石墨矿转运站。花0.7元坐小火车到厂区，再乘公共汽车到办公室。见到刘所长。

4月13日：去济南化工厂。

4月14日：下午回到北京。制定详细计划。

4月15日：上午到空间中心和机械工业出版社。下午去中科院外事局。

4 月 16 日：接待兰州炼油厂科技处人员。

4 月 17 日：在中科院外事局与有关专家座谈。

4 月 18 日（周日）：全天写调查报告。

4 月 19 日：向中科院李处长汇报。接到中科院外事局去日本开会的详细日程。

4 月 20 日、21 日：在石油工业部开会。

4 月 22 日：去天津，311 次列车 9：10 北京发车，11：20 到天津。到 ×× 部队油料所取石墨节能油样品。乘 310 次列车，18：35 天津发车，20：56 到北京（晚点）。

4 月 23 日：乘 121 次列车返兰。

4 月 24 日：火车上，看资料。

4 月 25 日（周日）：回到兰州。

4 月 26 日：准备接待中科院化学部领导检查工作。

4 月 27 日：向中科院兰州分院领导汇报工作。"

从这些真真切切的记录中可以看到，父亲为了工作，在不到 40 天里，辗转了十来个大小城市，没有休息日，没有旅游，没有高级宾馆，没有酒席。这拼命工作的劲头真是令人敬佩！

我要天天 study（学习）

父亲毕业于北京的一所高级工业学校化学科，在高学历科技工作者云集的中国科学院里是很不起眼的。但他硬是啃下了三国外语，不仅可以大量阅读国外专业书籍，而且能翻译俄语文献，用英文写作，在研究所日语速成班当教师。父亲的专业水平也是一流！他的经历再一次证明学历和能力不一定成正比。

父亲一生的爱好就是学习。保存下来的中外文学习笔记就几十本，译稿、教案几十本。每次出差、出国很少带土特产、纪念品，但书是一定要买的。

家里有一个专属他的折叠小书桌，因房间太小，有时在暖气边打开，有时在饭桌边打开，大多时是等我们睡了，在床边打开，他看着、写着。孩子们睡醒一觉，灯还亮着，再睡一觉，灯还是亮着……有时看书学习累了，起身活动一下，他嘴里总爱说着："人生本来是 happy（快乐），我就非要天天 study（学习）。"

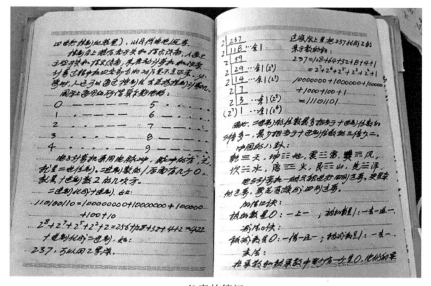

父亲的笔记

父亲过八十岁的生日，孩子们纷纷送来礼物。双层奶油大蛋糕，他说一点也不实惠；高档羊绒毛衣，他坚决不收，说现有的衣服一辈子也穿不完，花上千元没必要，从哪里买的就从哪里退了吧。然而当看到一台电脑时，他却眼睛放出光芒，像小孩子一样兴奋，听说还装了新版的 Windows98 操作系统，大声说："这个好！这个好！"父亲很早就关注计算机的发展，从计算机理论到实际操作、对比 DOS 与 Windows 操作系统的区别，光笔记就写了好几本。只要遇见懂电脑的人，不管大人小孩，他都会向其请教、讨论。自家里有了这台电脑后，他用电脑写文章、听音乐、玩小游戏，真是忙得不亦乐乎，给晚年生活带来不少乐趣。

父亲在电脑前

老爸呀，你孜孜不倦的学习精神，认真求实的科学态度，平凡低调的人格魅力，都在深深地影响着我们！你把自己的精力和才华献给了你热爱的事业，你为祖国的强盛做出了贡献，我们为你骄傲！

下辈子还做您的女儿！

李小文院士的故事
——我心目中的小文

魏成阶

（中国科学院空天信息创新研究院）

中国的广大科技工作者在党和毛主席的教导下，胸怀祖国、服务人民，在中华大地上树立起一座座科技创新的丰碑，铸就了优秀、独特的科学家精神。钱学森、邓稼先、李四光、钱三强、华罗庚、竺可桢等一大批科学家身上，更集中展现了科学家精神，它是国家的财富和力量，是一种优秀的文化。我的同事李小文先生，就是优秀科学家中的一名代表，也是这种科学家精神的践行者。

2001 年，李小文先生当选为中国科学院院士。他投身我国的遥感科学的基础理论研究，为遥感科技事业奋斗终身。在他身上体现出中国科学家的优良品格、情操和价值观，就是李小文院士深厚而又独特的科学家精神。

我与李小文院士在中国科学院共事的近 30 年中，有一种强烈的快乐和幸福感。我比李小文院士大两岁，平时都是亲切地称呼他小文。小文是搞遥感基础理论研究的，我是搞遥感应用研究的。为了推动遥感理论与应用实践的结合，小文经常让我参加他主持的一些课题。在他的领导下工作，我获益良多，并与他结下了终生难忘的情缘和珍贵的友谊。

他本应成为我国科技界一颗闪亮的星，但天妒英才，小文不到 68 岁就因病离世。2015 年 1 月 10 日下午，当我听到噩耗，心里极其难受，就像自己的亲人离世一样。几年来，与小文在一起工作的情景，常常闪现眼前，让我缅怀而潸然泪下。我对小文的科学家精神更有着深刻的感悟。我常想：小文的精神应该传世于后人，特别是对青年学子具有榜样的作用。

以身许国是科学家最深沉的爱国情缘

　　人们常说，科学无国界，但科学家有祖国。小文能成为新中国杰出的科学家，那深深的爱国情缘是他一切科学成就的源泉。1978 年，小文考入中国科学院地理研究所（简称地理所）二部攻读硕士学位，受学于我国著名的计算机遥感图像处理专家杨世仁先生。一年后，中国科学院遥感应用研究所（简称遥感所）成立，小文被首批公派赴美国留学。六年后，他获加利福尼亚大学圣芭芭拉分校的地理学博士学位和电子工程与计算机科学硕士学位。其间，他发表论文，首创了植被二向性反射 Li-Strahler［Strahler（斯特拉勒），李小文的导师］几何光学模型，与遥感辐射传输模型并行，成为遥感基础理论两大流派之一。后来，该模型入选国际光学工程学会"里程碑系列"。小文也因此成为遥感基础研究领域的顶尖科学家。

　　为了扩大知识领域，提高多学科交叉研究的专业水平和能力，小文继续在美国纽约市立大学亨特学院做博士后，成为具有多学科学位背景、在国际遥感界享有盛名的学者。此时，小文本可以在美国知名大学谋一个相当不错的职位，过上"科学精英"的美好生活。然而，小文心中考虑的是以身许国，必须马上回国，报效国家、服务人民。他义无反顾地投身到祖国的遥感科学事业，任职于遥感所图像处理研究室。不久，小文的导师杨世仁先生到美国做访问学者，由小文代理该室主任。其间，小文向党组织递交了入党申请，后经过考察，考察期满正式成为光荣的中国共产党党员。像他这样学成归国的人，在遥感所首批公派赴美国留学生中是为数不多的。小文言行一致，说到做到，体现了新中国科学家难能可贵的学子报国、以身许国的情怀。

潜心科学研究的行为规范

　　20 世纪 60 年代，中国科学院党组号召全院科技人员做一个既红又专的科学家，并在此前提下，能"安、专、迷"地潜心做科学研究，即能够安下心来、专心致志、严谨治学直到迷恋至深。为此，还树立了陈景润、周秀骥等一批先进青年典型。小文继承了这种潜心科学研究的优良传统，是一个既红又专的"安、专、迷"的新典型。

20 世纪 70 年代中期，我国的遥感科学还只能归类于地理科学的一个分支，在美国的技术封锁下起步极其艰难。钱学森先生听取汇报后，以科学大师的远见卓识，指示我们：中国初步形成的卫星技术系统是可以利用的。抓遥感技术先不要着急搞卫星，要先从遥感技术基础研究抓起。中国的遥感科学要立足于自力更生、艰苦奋斗，充分发挥中国科学院多学科交叉进行基础研究的优势，率先把遥感技术的基础研究搞上去。基础研究搞好了，卫星遥感就可以水到渠成。

贯彻钱学森先生的指示，搞好遥感技术的基础研究，最急需的是一批能够对遥感科技"安、专、迷"潜心研究的人才。小文就是在这种环境下，以电子工程专业背景，考入地理所二部，攻读遥感应用学科硕士学位。小文有着良好的数理基础，且保持着一颗对遥感科学好奇的心，把探求遥感科学真理作为自己的毕生追求。他充分发挥自身优势，心无旁骛，专心致志研究遥感基础理论，以至于到迷恋至深的程度。小文通过不懈努力，实现了"出成果、出人才"的目标。他除了首创植被二向性反射 Li-Strahler 几何光学模型外，还解决了一些遥感技术基础、前沿难题和关键核心技术，成为我国定量遥感基础研究的先驱。

习近平总书记说："创新是引领发展的第一动力。"[①]勇攀高峰、不断创新、敢为人先，是小文发展我国遥感科技，走在世界前列的第一动力。小文脑子里总是保持着对遥感学科前沿的敏锐思考。2002 年至 2007 年，在他担任遥感所第七任所长期间，面向遥感科技前沿，面向国民经济主战场，面向国家重大战略需求，我们不间断地抢占遥感科技竞争和未来发展的制高点。他作为多个国家重大科研项目和重要任务的负责人，组织、培养了一支以定量遥感基础研究为核心的科技攻关团队。小文和他的团队敢于提出新理论、开辟新领域、探寻新路径。他们不怕挫折，敢在创新和瓶颈上下功夫，去解决重大难题。

---

① 中国共产党新闻网. 习近平在企业家座谈会上的讲话（2020 年 7 月 21 日）. 2020-07-22. http://jhsjk.people.cn/article/31792488

　　小文接着提出了非均质地表热红外等效发射率的定义，建立非均质地表热红外辐射方向性概念模型；研制出机载多角度多光谱成像系统，开拓了热红外辐射方向性机理研究的新领域；引入了地表先验知识及其在病态反演中的作用，发展了基于先验知识的定量遥感反演理论和方法；提出了根据参数不确定性与敏感性矩阵实施数据集与参数集分割的分阶段反演策略；主持研制了中国典型地物波谱知识库；推动了遥感尺度效应和尺度转换问题的研究，将定量遥感时空尺度问题归纳为遥感物理模型的尺度效应和尺度转换，建立了遥感尺度转换的通用理论框架；他的二向性反射分布函数和反照率产品，在全球地表反照率产品中得到了广泛应用。

　　2002 年 10 月，迅速扩散到全球的严重急性呼吸综合征（severe acute respiratory syndrome，SARS）疫情，引起全社会的巨大恐慌和世界卫生组织的关注。一时间，SARS 疫情成了党中央极为关注的重大民生问题。此时，小文刚担任遥感所所长不久，他急国家和人民之所急，紧急调令我们几个正在扬州搞"数字城市"的同事回京，全力投入"SARS 疫情空间分布及其传播模式的研究"项目中，为中央控制 SARS 疫情传播提供决策依据。没有经验，小文就鼓励我们"勇于创新、敢为人先"。他和我们一起制定研究方案，指导我们利用这个项目推动遥感与公共卫生领域的学科交叉，思考疾病传播相关的地学问题。他提出了"时空邻近度"的概念，将已发 SARS 疫情的情报作为先验知识，采用遥感、地理信息系统与空间定位技术集成的全数字技术对这场疫情进行综合研究。小文陪伴着我们夜以继日地紧张工作，很快就摸清了国内 SARS 疫情的时间和空间分布规律，论证了 SARS 疫情与人类交通、飞禽迁徙路线的关系，最终确定：SARS 冠状病毒的传播，以感染患者、病毒携带者为主，沿主要铁路干线的传播最为明显、快速；其次为沿民用航空路线传播。我们不仅提出了 SARS 病毒的传播模式，还预测了我国几个大中城市 SARS 疫情的发展趋势。研究报告呈报给党中央、国务院领导和卫生部等，为控制 SARS 疫情发挥了重要作用。当时，德国柏林洪堡大学举办新闻发布会，抢先发布了"重要新闻"：经过他们研究，首先发现了 SARS 疫情是沿民用航空线路传播的。小文生气地问，为什么我们不能早在一个月前就发布这种新闻呢？

艰苦朴素，朴实待人的"布鞋院士"

李小文在学术报告会上

2014 年 4 月，小文光脚穿一双布鞋在中国科学院大学做学术报告。到会网友把照片发布到网上。网友就亲切地称呼小文为"布鞋院士""扫地僧"。小文因此而在网上迅速"走红"。"扫地僧"是金庸小说里一位隐居少林寺的武功极高的僧人，表面上平淡无奇。然而，公众却用"扫地僧"引喻小文的"外表不羁"，内在的"仙风道骨"。这绝不是小文"作秀"！我认识的真实生活中的小文就是这样简单、朴实。他从来不修边幅，自己"身上穿戴的东西越少越好"，走到哪儿都是光脚穿布鞋或拖鞋。在我印象中，只有 2005 年 2 月，为欢迎厄立特里亚总统伊萨亚斯访问遥感所，他才西装革履。其他时间，即使当上了院士，出席"长江学者"成就奖的颁奖典礼大会，他都依然是经典的"布鞋行头"。"布鞋院士"和"扫地僧"形象在院士中是极其少见的。所以，小文病逝后，人们发出了"世间再无'扫地僧'"的感叹。我认为：小文的独特形象之所以吸引公众目光，那是人们对他成绩斐然的治学经历的赞叹和敬仰，也是对他独特人生价值观的缅怀。这难道不能称作中国科学家精神的独特形象？斯人已逝，但小文艰苦朴素的"布鞋院士"和"扫地僧"形象却应与世长存。

甘为人梯、诲人不倦精神

诲人不倦是小文的优秀品德。在创新人才培养中，小文发挥着识才、育才、用才的导师作用。他发扬学术民主，身教重于言传，提携后学，为其铺路。在他眼里没有论资排辈。他不仅在教室里教书育人，而且利用网络平台打造了一个自由、逍遥的"学术江湖"。他特别喜欢在网络平台上与青年学者平等交流、对话，鼓励青年学者勇于创新，帮助青年才俊崭露头角。科学网成立以来，诲人不倦的小文作为活跃在这个网络平台上的首批博主，以"黄老邪"自称，7年间累计发表博文1878篇。他非常热心地与青年学者互动、传播专业知识、分享学习心得、讨论时事热点等。个人博客是小文"学术江湖"的另一个"战场"。他经常与同行论战，隔三岔五"掐一架"。他古道热肠，看见别人遇到困难，喜欢出手相助。他强调自己在"阵地"上争论原则是"力求做到只讲道理、不争输赢""欢迎网友'拍砖'，'老邪'坚决改正"。小文还利用科学网率先发表博文，呼吁提高在读博士生的奖学金，引起社会的强烈关注。后来，教育部、财政部下发了关于提高高校博士生奖学金标准的通知。

1999年以来，小文在遥感所、北京师范大学、电子科技大学等单位，共培养了160余名硕士、博士研究生，他的学生现在大部分已成长为我国遥感基础研究与应用技术的中坚力量。他认真培养每一个学生。学生对他的评价是"谦虚，话少，人好相处，没有一点架子"。对于学生，无论做哪方面研究，只要有好的想法，方法可行，他都会提供实质性的指导和支持，鼓励学生研究下去。他提倡、鼓励学生的质疑精神，兼听不同，甚至是提出反对意见。他认为"老师合格的标准，就是让学生做自己的'掘墓人'"。

小文还多次将自己的收入用来助学，如将"长江学者"特聘教授津贴和"长江学者"成就奖奖金等累计100多万元悉数捐出，或作为遥感基础研究基金的种子基金，或通过以已故长女李谦的名字命名的"李谦奖"助学金，帮助品学兼优、家庭困难的学生完成学业。

集智攻关、团结协作的协同精神

团结协作精神始终贯穿在小文整个科研生涯中。他除了圆满完成多个国家级重点项目外，还成功组织实施了北京顺义和江西山江湖地区定量遥感综合实验、黑河流域生态水文定量遥感综合实验等。通过这些定量遥感综合实验，为遥感模型的发展和算法验证积累了大量宝贵的数据，推动了生态遥感科学的发展。

2001 年 5 月，李小文参加顺义星机地遥感综合实验

2004 年 6 月 22 日，西藏自治区札达县无人区的帕里河上游发生大滑坡，堵塞河道形成堰塞湖。堰塞湖坝体一旦溃决，下泄洪水将会对下游地区和印度造成严重的洪水灾害。印度方面紧急通过外交途径照会中国，希望中国随时提供堰塞湖溃坝及下泄洪水情报。全国人大常委会副委员长、中国科学院院长路甬祥批示：由遥感所用卫星遥感监测堰塞湖的动态变化，随时向国务院、外交部报告。小文接受任务后，立即把我从南水北调西线工程现场调回北京，组织团队集智攻关、团结协作，以完成任务。当时，国内好几家遥感单位都准备做这个工作。小文强调：我们要向这些单位学习，但也要发挥遥感所专业遥感研究机构的综合优势，团结协作完成这项艰巨、光荣任务。完成任务是为国争光，效果好坏反映中国遥感科技水平，并会在国际上形成重要影响。小文特别嘱咐

我，事关国家荣誉，对参与任务的人员一定要作好政治动员工作，要胸怀祖国、不怕困难、连续作战。在小文的组织指导下，项目组利用多时相、多平台的 6 种类型、13 个时相的高分辨卫星数据完成了预定任务。总共提交了 17 期次《帕里河滑坡堰塞湖水情监测预测通报》。小文对每期通报都要认真核实、修改、最后定稿签发，上报路甬祥院长。再由路院长签发，向国务院、外交部等单位报送。其中，第 15 期是一期十万火急的洪水下泄预报。我们事先根据堰塞湖水体及坝体体积，和当地的地形地质、河流地貌等多因子条件，构建了一个精准水文数学模型。采用多因子算法，预测帕里河堰塞湖坝体一旦溃决，洪水下泄，将会在 30 个小时左右抵达印度。当我们用卫星监测到堰塞湖坝体有溃决迹象的紧急状况后，马上通报给了印度。印度立即采取了应急预防措施，转移了人员和财产。实际情况是，当坝体垮塌，洪水开始下泄，在 33 个小时后抵达印度。结果印度无一人伤亡。这项研究采用遥感空间尺度效应的理论依据，顺利完成了洪水下泄预报，完全满足了印度的要求。后来，印度在两国公报中特别提到，印方赞赏中国向印度提供汛期水文资料和在应急事件处置方面提供协助。

心胸开阔、求真务实的奉献精神

　　小文的人格魅力还体现在他务实的作风里，他在社会生活和行业领域中，深刻地影响着人们的价值取向。华为公司任正非因为感怀小文的学术成就和人格魅力，特别邀请小文为其公司代言。小文认为"双方理念相同"，爽快应允，并表示："我不要一分钱。如果中国能多几个你们华为这样的公司，发展就有希望了。" 2014 年 6 月 5 日，华为在《人民日报》《环球时报》《光明日报》《参考消息》《中国青年报》等媒体上，刊登大幅企业形象广告，并宣布：华为坚持什么精神？就是真心向李小文学习。

　　小文研究得到了多个国家级重点项目的支持。国家自然科学基金委员会、科技部等部门鉴于他的科学成就，以及他积极地与国外同行科学家合作交流，推动中国遥感科学走向世界前列的功绩，有意将一些国家重点基础研究批准给小文完成。他回国后承担了国家自然科学基金项目"不连续植被的遥感定量模型（1988—1989）"，这也是他承担的第一个国家自然科学基金项目。通过这个项目，他发展了森林间隙率模型，并将该模型应用于大熊猫食物——箭竹的遥感监测。小文邀请我事先开展四川大熊猫食物生态本底的遥感调查，并以此为实践检验的依据之一。最终，成果荣获 1990 年度劳力士雄才伟略大奖。他的第二个国家自然科学基金项目是"地物结构特性与地物方向谱之间的几何光学模型（1989—1991）"。后来，又获国家自然科学基金重点项目"地面目标二向性反射分布函数特性（1994—1996）"，这是我国定量遥感研究领域的第一个国家级重点基金项目。紧接着"地球表面能量交换的遥感定量研究（1997—2000）"成为我国定量遥感研究领域的第一个"九五"攀登项目，其研究队伍成为后续"973"项目的骨干研究力量。"地球表面时空多变要素的定量遥感理论及应用（2000—2005）"，是我国定量遥感研究领域第一个"973"项目。2003 年，小文组建遥感科学国家重点实验室后，继续完成了"973"项目"陆表生态环境要素主被动遥感协同反演理论与方法（2007—2011）"。

2007 年至 2021 年，举办了五届曾由小文发起的全国定量遥感学术论坛，会议规模发展到 1000 余人。参会单位涵盖了国内从事定量遥感研究及应用的绝大部分高校、科研院所。他累计发表研究论著 160 余篇（部），部分被美国《遥感手册（第二版）》收入。1994 年，李小文获中国科学院自然科学奖一等奖，2000 年获中国高校科学技术奖一等奖。

学术思想民主，实事求是

让人讲真话甚至讲反对自己的话是小文的学术风气。他团结同行，同心同德，达到"情况明、决心大、方法对"的目的。在创新探索中，他能把大家的科技思维积极性调动起来。我记得，就在小文担任遥感所长的第一次研究员座谈会上，我因为对遥感所的一些不正学风不满，就在会上大发议论，要小文不要"搞一朝天子一朝臣的小圈子"。到场的研究员认为我不应该这样给小文"下马威"。小文却不这样看，他在会后特意与我长谈，了解遥感所一些真实情况。

小文告诉我，搞科学研究应当营造一种团结民主的风气，领导要让人敢讲话，交真心，大家才能拧成一股绳，搞出成就来。通过这次谈话，让我感觉，小文是一个值得深交的朋友。

还有一件小文的往事，让我印象深刻：SARS 疫情刚过去不久，我国北方草原发生了大规模的鼠害。国家自然科学基金委员会要设一项重点基金，资助采取遥感方法监测、预警草原鼠害，为大规模生物和工程预防措施提供科学依据。我正好做过这方面的预先研究，小文就找到我，并决定亲自负责争取这项国家重点基金。小文向国家自然科学基金委员会提交了项目申请书和申报报告的幻灯片。小文特别指出：从卫星遥感像元尺度适用性看，直接发现害鼠是不可能的，因此，应该以草场地表植被净、初级生产力为基础，研究害鼠打洞恶化草地生态环境的遥感尺度效应及其遥感估算模型。小文用了好几天修改、整理了这两份文件，直到满意为止。那天评审会上，由小文亲自做申请报告。可没想到，几位评委却不同意项目评审通过。我们要求申诉，小文特别冷静，劝我们先检查自己在哪些方面的功课做得还不够！这件事，使我们深深感到小文既博学多才又心胸坦荡、豁达，甚至能友善看待反对自己的人。

后来，小文到北京师范大学遥感与地理信息系统研究中心任职。他曾经邀请我去北京师范大学工作。当时，我无奈婉拒了邀请。这是一件让我终身遗憾的事情。每每想起来就觉得非常对不起我这位故去的好领导、好同事和好兄弟。

思念故友，愿他的事迹和科学家精神永驻。

品贵祖则荣，德高望更重

万玉玲　沈　慧

（中国科学院动物研究所）

2021 年，中国共产党建党百年。7 月 9 日，中国科学院动物研究所（简称动物所）召开"庆祝建党百年'两优一先'表彰大会暨'七一'专题党课报告会"，表彰获得"两优一先"的个人和集体。众望所归，八十六岁高龄的老所长王祖望先生是受表彰的优秀党员之一。会上，他应邀向全体党员做了题为"榜样的力量"的专题党课报告，深情回忆了"三线建设"时期根据国家建设需要，动物所部分科技人员赴西北高原后的奋斗历史。他讲述了四位共产党员，其中有老一辈"三八式"老领导，有"落难的诗人"和老一辈科学家，他们在那个年代和艰苦环境下坚守初心、捍卫党的知识分子政策，锲而不舍地坚持科学研究的感人事迹。

王祖望先生在建党百年之时给动物所党员上党课

时间回溯到 1991 年，王祖望先生卸任中国科学院西北高原生物研究所（简称西高所）所长，当他离开时，西高所职工依依不舍，自发去车站欢送他们的所长。2020 年 10 月，《兽类学报》创刊 40 周年纪念活动在西高所举行，前主编、名誉主编、西高所前所长王祖望先生应邀参加活动。与老同事相见，大家情不自禁，相拥而泣。纪念活动上，王祖望先生谈了他一生从事科学工作的三点感悟："不要妄自菲薄，中国先民在兽类的认知和利用等方面对人类文明做出了重大贡献""不要忘记我们在兽类学研究中的短板""抓住机遇，通过基础研究培养人才"。他强调西高所前所长、中国科学院海北高寒草甸生

离开西高所时与送别职工在车站合影
（第二排右数第六位是王祖望先生）

站台握手告别（车上的是王祖望先生）

态系统定位研究站创建者夏武平先生倡导的"牦牛精神"是无价之宝，是留给后来者的精神财富。这次活动的报道信息下有西高所同事的真情感言：看到老所长精神矍铄，深感欣喜，衷心祝福老所长。

作为西高所和动物所的前所长，耄耋之年的他仍站在讲台上。已经记不清有多少次聆听他的报告了，只记得他的每一次报告都凝聚着一位老党员的所思所想，一位老科学家的家国情怀，一位学者的认真严谨。一直以来，他的报告都具有深深的感染力，百听不厌，受益匪浅。

感慨之余，不禁令人深思：作为领导，他为何能在群众心目中有着如此高的威信，能与职工凝结出如此感人的深情厚谊？那是因为无欲则刚，德高则重，品正则贵。王祖望先生是最适合诠释"榜样的力量"之人。试想：如果一个忘记初心的人来给我们阐释初心，那是对初心的践踏；如果一个欲壑难填的人来

给我们阐释"榜样的力量",那是对榜样的亵渎。榜样与身份和地位无关,必须德位相配。他是一位真正地诠释着"榜样的力量"的人,无论社会风气如何变化,他始终保持着共产党员的高尚情操,洋溢着科学家认真严谨、锲而不舍、为国奉献的崇高情怀。他那种久经磨炼的科学家气质、深潜于心的善良以及德厚流光的风貌令人的敬意油然而生,他凝心聚力的特质、不屑巧取名利的风骨令人感佩!

结缘科学定终生,辛勤钻研成果丰

　　王祖望先生 1935 年 4 月 15 日诞于浙江宁波,是地道的南国水乡人。结缘科学,寄情家国,服从组织安排,是他一生的写照。自青年时代,他便缘定北国,辗转于中国科学院各研究所:1960 年自南开大学毕业,分配至中国科学院河北分院海洋研究所;1961 年机构调整,他去了中国科学院华北生物研究所,转眼间从研究海洋生物到与老鼠结缘;1966 年,当国家需要时,他用一句"只要干专业,天涯海角我都去"回应组织谈话,义无反顾地奔赴西高所;20 世纪80 年代,他作为访问学者,赴美国加利福尼亚大学戴维斯分校、科罗拉多州立大学进行合作研究;1991 年奉调北京,任动物所所长。

　　科学研究工作的发展与国家经济水平和政治环境密切相关。王祖望先生几十年从事科学研究的经历可以概括为:艰难曲折的青年时期,厚积薄发的中年时期,壮心不已的暮年时期。他初涉科研,正值苏联撤离在华科学家,国家经济和各业发展遭遇困境。1966 年到西高所工作,又遇"文化大革命"。幸有夏武平等前辈以不凡的智慧因势利导,他才能锲而不舍地坚持科学研究。珍宝岛自卫反击战后,年轻的王祖望先生夜晚与大家一起"深挖洞",白天睡五六个小时,剩下的时间阅读、翻译国外文献,向《生物学译丛》投稿。系统查阅文献后他才知道,1966 年至 1976 年,国际上正在开展国际生物学事业计划,并已合作开展生态系统研究,中国已远远落后。一种紧迫感和焦虑弥漫心头。1976年,他与两位数学专业的同事——周立及魏善武合作,"啃"文献、建立实测参数、到美国科罗拉多大学学习讨论参数的意义和采集途径，前后用了 10 年时间，出版了《高寒草甸生态系统研究的若干数学模拟模型》一书。我国著名生态学家马世骏院士十分赞赏，称这项工作为我国"建模第一家"。

1960 年至 1970 年，科研条件很差，在青藏高原野外科考可利用的交通工具只有马匹。王祖望先生在从事啮齿类种群生态学及防治研究工作中，不畏艰难，学骑马，摔下马背是常有的事；背铺盖卷，睡马圈、住帐篷，跋涉在平均海拔 4000 米的高寒草甸，坚持考察研究。

王祖望先生在青海贵南军马场参加
鼠害调查与防治工作（1969 年）

当"科学的春天"来临之际，他也迎来了厚积薄发的中年时期。1976 年，他开始对分布于青藏高原的高原鼠兔和高原鼢鼠代谢特征的季节变化进行研究，这是我国野生动物能量代谢研究的开拓性工作。通过比较研究，发现无论是地上活动还是地下活动的高寒地区小型哺乳动物，其代谢水平相对较高；并比较了血红蛋白和红细胞数量的季节种间差异，提供了翔实的系列研究数据。

他虽长期担任所领导，耗费了大量精力于研究所的管理和发展，并先后兼任中国生态学会理事、副理事长、理事长；中国兽类学会副理事长、理事长；《兽类学报》和《动物学报》主编——这些职务与工作占用了他宝贵的时间和精力，但他仍坚持科学研究，并取得了丰硕的科研成果。他先后在国内外学术刊物上发表论文 80 余篇，主编或合著专著 4 部，论文集 4 部，内容涉及高寒草甸生态系统次级生产力和高原地区小哺乳动物生理生态学、高寒草甸生态系统若干数学模拟模型等。在从事的动物生态学、能量生态学研究工作中，他主持过国家自然科学基金项目，包括小哺乳动物在高寒环境中的生存对策、高寒草甸生态系统小哺乳动物能量生态学研究、高寒草甸生态系统次级生产力研究；科技部下达的有关中国特有濒危脊椎动物繁殖行为生态学研究。其中"高寒草甸生态系统"获中国科学院自然科学奖二等奖；"高寒草甸生态系统次级生产力研究"获中国科学院科学技术进步奖三等奖；"高原鼠兔和中华鼢鼠气体代谢的研究"获青海省科学技术进步奖三等奖。

1987 年，王祖望先生任西高所所长，他抓住机遇，在老一辈科学家开拓的科学事业的基础上，助推中国科学院海北高寒草甸生态系统定位研究站成为国家开放台站之一。1990 年，青海省政府授予他优秀专家称号。同年，获国务院学位委员会批准为博士研究生指导教师。在 20 世纪 80 年代中期至 21 世纪初，他培养了硕士研究生 8 名，博士研究生 14 名，博士后 3 名。

在青藏高原工作的 25 年，他秉承"忍处恶劣的条件，食低矮的青草，提供浓郁的乳汁，充当高原的船舶，不畏艰苦，忍辱负重，不计报酬，但求贡献"的"牦牛精神"，坚持开展科学研究，奉献了最宝贵的青春年华。

甘扶他人步云梯，亦官亦师满腔诚

1991 年，王祖望先生从西高所奉调任动物所所长，两届任期八年。当时我们分别在科技处和人事教育处工作，属于中青年群体。在我们的心目中，王祖望先生胸怀坦荡，个性鲜明。他为人低调，工作作风严谨，不喜虚妄浮躁，不善交际公关、不谙酒桌文化、不擅虚词套话。这些特质在某些时候、某些人和事面前是他的短板。这是由他的学者风骨所决定的。

王祖望先生是一位使命感极强的人，他将全部精力用在了动物所的改革与发展上。我们读了他回忆夏武平先生的文章，似乎能够明白他来动物所任所长后在人才培养、科技队伍建设、学科布局等一系列改革举措中的良苦用心。他谈到：在我国的自然科学史中，出色的自然科学家为数不少，但在他们当中能够成为具有战略眼光的科学家并不多。他认为："能洞悉科学发展的大趋势，即使身处逆境，依然能把握这一大趋势而为之谋划者，并在大趋势的激流中，培养人才，形成团队者，即为具有战略眼光的科学家。"他在动物所的工作，就是在竭力传承和实践夏武平等前辈的科学精神。我们印象最深的是他苦心孤诣、不遗余力地培养、推举年轻人，为动物所的可持续发展做出了不可磨灭的贡献。

20 世纪 90 年代，国家财政尚处于困难时期。中国科学院的改革力度不断加大，从单项改革深化到涉及人事制度、利益分配等综合配套、全面系统改革阶段。所长要直面人事、利益分配改革的尖锐矛盾，要面对科技队伍青黄不接、运转资金缺乏等一系列闹心的困难。

动物所是个老所，改革开放后大批中青年科技人员留在国外发展，不少学科出现了人才断层，尤其是分子生物学领域，基本上没有青年人。宏观生物学领域的几位年轻人尚未走到一线、挑大梁。针对科技队伍青黄不接的问题，王祖望先生一方面团结、依靠老科学家和中年骨干，通过调整学科、组建研究中心、优化研究室、研究组的建设，着意配备年轻人作为研究室、研究组的副手；吸收年轻人进入所学术委员会、学位委员会以及职称评审委员会等措施，让他们得到锻炼，增强他们的学术责任心。同时，他还择优选送取得博士学位的年轻人到国外著名研究机构和大学进修学习；通过国家和中国科学院的人才计划，选聘优秀青年人才；根据学科发展需要，组建了以青年人为主的"保护生物学实验室""动物行为生态学实验室"；大胆推举年轻博士，参与国家各类科技计划的申请。此外，他还不拘一格地培养和推举年轻人挑大梁，择优破格晋职，提升他们的学术自信和地位；利用每年 20 万元的所长基金择优支持青年人的工作，帮助他们积累独立主持科研工作的经验，为进一步申请国家项目铺路；通过国家和中国科学院的人才计划，有侧重地引进青年科技人才；择优培养、推荐青年人申请国家青年基金和杰出青年基金；推荐青年人进入全国性学会担任理事等，提升他们在领域内的知名度；让青年人领衔参与国家重大科技计划项目的竞争。

由于王祖望先生的培养、扶持，动物所的青年科技者成长为承担"九五"科技项目的主力、研究所领导、学科带头人和国内外知名专家。王祖望先生任职所长八年，培养了大批优秀青年科学家和科技管理干部，极大地稳定和发展了动物所科技队伍，为动物所的今天奠定了坚实的基础。

在利益分配方面，王祖望先生先人后己和与人为善的精神也令人感佩。他到动物所后，专业技术职称评审制度改革，而职称又与各项待遇挂钩。当时科研人员大多是"文化大革命"前的大学毕业生，他们经历了"文化大革命"，遭遇了晋职延缓，当科研工作和职称评定步入正轨时，他们的年龄已接近退休。与工资挂钩的职称，是科研人员看重的荣誉，他们迫切地希望自己的付出能够得到认可。但晋职有指标限制，评聘有各种量化条件。僧多粥少，矛盾突出。王祖望先生认真负责地做了调研分析，找出主要矛盾，从客观实际出发设定晋职条件，引导科研人员把主要精力投入到实际的科研工作中，鼓励引导科研人员开拓创新，让有真才实学的科研人员得以公平晋升。对于每年的晋职晋级指标，王祖望先生坚持既不违规定，又不浪费指标的原则，需要年轻人破格晋升的指标就找上级申请，兼顾中老年科技人员和年轻人的利益。1993 年至 1999 年，动物所贯彻落实《院党组有关推进结构性调整深化改革若干问题的指导意见》，结合研究所的实际，王所长深感结构性调整事关研究所未来 5～10 年的发展大计，必须下大力气，做好"伤筋动骨"的思想准备，考虑到本届领导班子任期已接近尾声，必须从长远谋划。他提出组成有年轻学者参与的动物所结构性调整方案的起草工作组，并任命了一位年轻人作为所长助理，负责按照领导班子的讨论意见起草《动物所结构性调整深化改革方案》，内容涉及动物所发展模式，确定动物研究所是一个以基础研究、应用基础研究为主，应用发展为辅的研究所；明确了办所方针是，以 21 世纪生命科学发展方向为目标，以微观、宏观动物学并重为原则，发展两者相结合的现代动物科学。这位年轻人不辱使命，出色完成了领导班子的委托。动物所明确了全所结构性调整及其运行机制，构筑了新的结构框架，在 1998 年 1 月 21 日，经中国科学院专家组评议论证，院务会议研究决定，动物所被批准为首批试点单位。

1999 年，王所长离任，新一届领导班子接任，年龄都在 45 岁以下。

老骥伏枥承重任，笔耕不辍《大典》成

离任退休之后，王祖望先生任农业虫害鼠害国家重点实验室学术委员会主任、《动物学报》主编。按常理，他应该进入悠闲惬意的晚年生活。但是在退休之后，他却承担了令人望而却步的非常艰巨的动物科学史书编撰工作。

先是动物所拿出了少量经费，委托他主持编撰动物研究所的历史。王祖望先生几经推辞无果，只得接受。他邀请了 10 位专家，两度亲赴南京的国家第二历史档案馆，翻阅和查找了大量档案资料和科学活动线索，将动物所自 1928 年至 2005 年的历史沿革、兴替变故、学术活动、研究成果、科学人物、改革发展、重要事件等按时间顺序进行了系统梳理，编撰完成了《中国科学院动物研究所简史》《中国科学院动物研究所大事要览》，约 140 万字。这两部关于动物所前世今生的姊妹篇是首次系统梳理、记述动物所历史的正式出版物，成为近代动物科学发展史的重要参考书籍。

2007 年，王祖望先生作为生态学名词审定委员会主任，组织全国生态学领域四十多位专家编撰出版了 50 万字的《生态学名词》，共 17 部分 3414 个词条，每一个词条都给出了定义和注释，经全国科学技术名词审定委员会（简称名词委）审定公布，成为生态学领域科学名词术语的规范。之后，他在名词委的支持下，以已公开发行的《生态学名词》为基础，开展海峡两岸生态学名词的研讨。两岸生态学家本着"科学求实，求同存异"的精神，经过深入细致研讨，于 2013 年形成了《海峡两岸生态学名词》最终稿，并于同年由科学出版社出版。

2007 年 4 月，《中华大典·生物学典·动物分典》启动，王祖望先生主持《动物分典》的编撰工作。他聘请了来自全国不同单位的 24 位专家，共同承担这一重任。为了探索我国古人对动物研究的奥秘，在王祖望先生的带领下，这群鹤发老人放弃了宁静舒适的退休生活，付出了令人难以想象的千辛万苦，有的甚至提前走完了人生之路，在浩瀚的古代文献资料中，对中国古代动物资源进行了一次穿越时空的调查研究。

《中华大典·生物学典·动物分典》部分编委合影
前排左起：吴燕如，黄复生，冯祚建，王祖望，郭郛，马逸清，全国强，刘月英
后排左起：商秀清，负莲，卢汰春，牟重行，张世义，文榕生，杨思谅，童墉昌，刘举鹏，
胡振宇，沈慧

这项穿越性调研，须阅读大量古代史书文献、识繁体字、看竖排版古籍、厘清朝代、熟悉古代地理版图的变迁、了解古代诗词赋等文学知识，其面临的困难可想而知。为了让编委们尽快适应大典编撰工作的有关规定，王祖望先生聘请古文功底深厚、长期从事昆虫生理学研究，并于退休后与英国著名科学史学家李约瑟合作编撰《中国古代动物学史》、注证《山海经》和《尔雅》等重要古代典籍的郭郛先生作为学术顾问，为大家解疑释惑；从涉及物种的类别方面考虑，聘请昆虫分类学家黄复生先生和哺乳动物分类学家冯祚建先生担任副主编。编撰工作历时九年，共收集整理了近 4000 卷（册）古代文献资料，从中考证厘定了 1 界、16 门、50 纲、206 目、622 科、1500 多种中国古代动物，并按照现代动物分类体系进行整理。

《中华大典·生物学典·动物分典》1—4卷及后续著作

让平均年龄 81 岁的研究团队来承担如此艰难的工作，在编研经费严重不足的情况下，至最后一部著作出版，历经 12 年之久，没有德高望重的王祖望先生的学者魅力，没有他凝心聚力的坚守，想要取得如此丰硕的成果是难以想象的。

从古稀到耄耋，每个工作日，王祖望先生背包在肩，乘公交、坐地铁来办公室。一进门就用他那中气十足的嗓音道一声："早晨好！"，然后在计算机前开始写作，或坐在陈旧的写字台前阅读古代文献。除了短暂的午餐时间，基本一坐就是一天，目光始终停留在文献或计算机屏幕上。每次编委们开会时，他的开场白就是"老伙计们，我们又见面了！"，一句温馨的问候，包含着关心、惦念和鼓舞，顿使会场气氛和谐、轻松。当某个编委取得工作进展，他会不吝热情表扬；当发现工作有误时，也会直言不讳并指出改正路径；当遇到问题争执不下时，经常会被误以为这群老家伙在吵架（因耳背而争论声音很大），王祖望先生在充分听取意见之后，分析权衡，最后拍板定音，所有编委心服口服。有的编委风趣地称他为"老大"，也有编委表明就是看王祖望先生的面子才放弃退休生活来这里工作的。

鱼类专家李思忠先生临终前，在病床上流着泪对王祖望先生说的话是，对不起，我可能完不成你交代的任务了。河北大学生命科学学院蛛形目动物专家朱明生教授病重时，还在病床上审定书稿……

在《动物分典》的编撰过程中，《生物学典》总主编吴征镒院士嘱咐，在两个分典完成各自的编撰任务后，希望编委们将编撰过程中得到的一些启示、感悟，甚至在编撰过程中不便说的话，都以论文的形式表达出来留给后人。这也是两个分典编撰的副产品。王祖望先生遵照吴征镒总主编的嘱托，在 2016 年完成《动物分典》编撰任务后，立即启动《中国古代动物学研究》一书的大纲讨论工作与论文的征集，仅用了三年时间，就完成了从策划、论文征集、审定至出版的全过程。

王祖望先生与合作者根据大量的古代文献，撰写了"中国 3000 年鼠灾和大疫的概况"一文，对中国历史上的鼠灾与大疫之间可能存在某种关系进行了探讨，并将所有原始资料无偿献给相关研究组，为现代鼠疫防治研究提供了大量翔实的基础资料。他与黄复生研究员对古代动物学中的一些哲学思想充满了兴趣，并由他执笔撰写了"中国古代的天人合一观及其社会实践"和"天人合一思想与中国古代野生动物的保护"等论文。他们还对"中国古代是否有科学"这一充满争议的敏感话题大胆发表了自己的观点，认为中国古代有十分发达的"博物学"（自然志），它涵盖天文、地学、农学和医学四大领域，并以《尔雅》和《蚕书》为例，讨论了中国古代科学研究的一些特点，为《动物分典》及其系列著作增添了新的篇章。

这群老科学家前赴后继，倒下一个，又替补上来一个，一次次抚平中途倒下的老战友留下的心理打击印痕，克服身体上和物质上的重重困难，在王祖望先生的人格魅力的吸引下和有效的组织领导下，他们是用最后的生命之光，照亮了古往今来的动物科学之路。直到现在，王祖望先生只要谈及这些老伙伴，总是眼含热泪，心情久久不能平复。他们的离去，也激励着王祖望先生坚持，坚持，一定要坚持下去！

为了祖国的科学事业，他们锲而不舍，甘为人梯，无怨无悔。在研究所为他们举办的庆功会上，王祖望先生代表他的老伙计们做了题为"收获与感谢"的发言。他谦逊地表示："在浩瀚的中华历史长河面前，我们只不过是一群'以蠡测海'的老年初学者。所有的成果，所有的辛苦，所有的努力，所有的付出，最后都汇集成一个词：感谢！"他讲道："是兴趣与责任伴随、激励着这支年逾古稀的编撰队伍，在历朝历代涉及动物的典籍中挖掘出我们民族引以为傲的闪光点，从中领略到源远流长的中华文化的博大精深，从中整理并编撰完成了《中华大典·生物学典·动物分典》这样一部巨著。"看着那一大摞上千万字的多分册著作，再看看这些白发苍苍的耄耋老人，一番真诚的感激之情涌上我们的心头。这种不贪功、不为利、"心如止水鉴常明，见尽人间万物情"的平静心态，让到会的年轻科研人员泪湿眼眶。

正是这群自诩为"以蠡测海"的老年初学者，凭着对科学的痴迷和追求，凭着对科学的兴趣和令人感佩的使命感，迸发出了巨大的能量，以惊人的毅力与坚韧完成了功在千秋的宏文巨卷！

王祖望先生在研究所的庆功会上发言

不屑巧取利与名，欲海钱潮两袖风

王祖望先生刚来动物所时，由于没有住房，较长一段时间内都借住在岳父母家，坐公交车上班。当住房调整机会到来时，作为一所之长、研究员，工作时间也很久，又是无房户，理应优先为他解决住房问题。但他没有"伸手"，最后搬进了一套小三居腾退房中。

20世纪90年代，根据中国科学院的统一部署，动物所确定了进一步完善所长负责制，逐步形成科学、民主的决策机制。按照这个决策机制，所长对不同来源的经费拥有整体调配和管理权，对机构设置和课题的调整权，各级各类科技人员的聘用权、所内中层领导干部的任免权，国际合作项目和交流计划的决定权，学科研究方向的调整权。

在中国科学院工作过的人都清楚，主持国家重大科技项目、有丰硕的研究成果、指导研究生、在全国性学术团体任职不仅是科研人员的学术地位的体现，也是晋职、晋级的重要条件。来动物所之前，王所长已是动物生态学领域的知名学者，也是青海省优秀专家。若继续沿着科学研究这条路走下去，或者借一所之长的权力优势，既当官，又为自己建立强有力的研究队伍，领衔重大项目，积累更丰硕的科研成果，他当在科研领域有更广的发展空间。但是，王所长完全没有为自己打算，而是将全部精力投入到动物所的改革和发展上。在任八年，他没有建立自己的研究组；他亲自组织召集青年人研究重大项目建议，最后让青年人作为负责人申报。在科技领域，这样的所长很罕见，也许是绝无仅有。

几千年来，伟大的中华文明孕育、熏陶了一代又一代优秀子孙，我们伟大的祖国，总有一些人肩负使命、砥砺前行，也总有一些人让我们热泪盈眶。

他，从风华正茂，到耄耋老人；

他，从接受老一辈的优良传统，到做祖国优秀文化的传承人；

他，为祖国的科研事业甘愿奉献一切的初心矢志不渝；

他，就是王祖望先生，是值得我们敬佩的科学家！

我所了解的孙汉城先生

赵崇德

（中国原子能科学研究院老科学技术工作者协会）

我于 20 世纪 70 年代初从北京大学毕业来到中国原子能科学研究院（简称原子能院，当时称核工业部四〇一所），被安排在 201 室从事 HI-13 串列加速器的引进工作。在完成课题任务的过程中，在走访调研以及和同事们的闲谈中，得知核物理领域有几个"牛人"，其中一位就是孙汉城先生。

孙汉城，1933 年 5 月 29 日生于江苏省苏州市，中共党员，博士生导师，资深粒子物理与核物理科学家，核技术应用的开路先锋。他担任过原子能院核技术应用研究所首任所长，原子能院中子物理实验室主任，核探测技术和电物理两个学位委员会主任委员，中国科学院核分析技术重点实验室副主任，《原子核物理》、《核技术》的编委，中国物理学会理事，中国核物理学会常务理事兼副秘书长，中国高能物理学会常务理事，中国物理学会咨询委员会委员，北京测井技术联合体常务副理事长，英国国际传记中心副主任，美国科学促进协会会员等行政和学术职务，以及科学组织成员。

他自幼聪颖好学，学业成绩优异，19 岁就从清华大学物理系毕业，23 岁时获得国家自然科学奖三等奖，堪称"学霸"天才！他投身核科学事业，一直干到生命的终点。六十余载的职业生涯中，无论是做基础研究，还是干核技术应用的研发推广，都有不凡的建树，造就了一系列"中国核科技第一"。

1983 年在国际少体会议上钱三强（左）与孙汉城（右）合影

他早我 21 年成为原子能院的一员，加入有"中国的居里夫人"之称的何泽慧先生领导的科研团队。他庆幸自己能够加入何先生领导的团队，能经常聆听何先生的教诲，倍感幸福。他暗下决心，一定要把何先生的本事学到手，为我国的核事业多做贡献。于是，他一头扎进何先生安排的科研项目中，过起了宿舍、食堂、图书馆和实验室"四点一线"的生活。每天天一亮就起床，草草吃点东西就钻进实验室或图书馆，晚上十一二点才回宿舍，不知疲倦地遨游在未知的核科学的浩瀚海洋中。每当科研中遇到难题，他总是要反复进行深入的思考，把问题的来龙去脉梳理清楚，然后开始大量阅读相关图书资料，从前人的研究成果中寻找蛛丝马迹，捕获有用的线索。这时的他总是忘记了时间，忘记了自己，只有读书、读书、再读书。他夫人曾以有点埋怨的口气，不止一次地跟我讲："孙汉城就是个读书狂，读起书来不管不顾，就是吃饭也常常书不离手，把我们吐在饭桌上的厨余送入嘴中的事时有发生。为了减少他误食厨余的概率，我耗费了不少精力，动了不少心思。"

在资料调研中遇到自己不熟悉的专业问题或通过资料调研理出点头绪、有了初步研究思路时，他往往会找相应的专业人员及同事们探讨，谈自己的想法，征询别人的见解。这时的他，总是那么健谈，口若悬河、滔滔不绝，与平日的他判若两人。当别人发表意见时，他总是聚精会神地倾听，那种求知若渴的劲头像磁铁一样深深地吸引着对方。由于他知识面广，基础扎实，不像一些旧知识分子那样怕别人超越自己而留一手，在讨论中总是知无不言、言无不尽，对话充满了探索未知的浓郁气氛，因此与他探讨问题往往成了同事们的一种享受。有付出就有收获，很快，他就在当时一批新人中崭露头角，得到何先生的赏识，成为何先生的得力助手。当时，在何先生的麾下有四个比较突出的年轻人，人们戏称他们为何先生的"四大金刚"，孙汉城就是这"四大金刚"之一。

孙汉城先生（右）与导师何泽慧院士（左）在钱三强墓旁

在何先生的指导下，他先后参加了多项开创性研究课题，并取得多项填补我国实验核物理研究的空白，在我国"两弹一艇"的研制中发挥了很重要的作用。当年，在第一颗原子弹的设计过程中，科学家们发现，收集掌握的核数据存在着很大的分歧。为了解决数据分歧问题，确保我国第一颗原子弹能按计划成功爆炸，领导原子弹研制工作的第二机械工业部组织四〇一所开展了多个方案的核数据测量会战。其中一个是何先生设计的用核乳胶的测量方案。他作为何先生的得力助手，被委以重任，负责核乳胶的制备及其测量工作。他深知这份工作的分量，不敢有丝毫的怠慢。在攻关的那些日日夜夜里，他两耳不闻课题之外事，一心只做核乳胶，满脑子都是数据、测量方案、实验仪器、实验设备……在日常的家务事中出现过不少啼笑皆非的趣事。有一天早上，他骑自行车送女儿上幼儿园，却一股脑儿骑到了工作区，直到当值的解放军战士把他拦下时才恍然大悟，不得不掉转头骑回到生活区。这时，小朋友的早餐已近尾声，又要麻烦值班老师，他深感愧疚。当他满脸堆笑地向老师赔不是时，老师却满不在乎地回答道："科学家，你这又不是第一回。我们知道你很忙，没关系，忙你的去吧！"原来，像这样干着家务活，头脑中突然蹦出个灵感而忘了手头的事对他来说就像家常便饭一样。因为这时的他总是那么兴奋，那么专注，那么癫狂痴迷。凭着这股劲，他与叶春堂、刘惠长等人一起破解了一系列技术难题，克服了一个又一个精神和物质方面的困难，通过数不清的分析计算、论证研讨、方案设计、实验验证，获取到预期的实验数据，顺利完成了组织交给的任务。这个实验的成功，进一步激发了他们利用核乳胶进行核探测应用研究的积极性。他们根据实验研究目标的要求，不断改进配方，优化、提升制备工艺，成功研制了好几种新的核乳胶，大幅度提升了产品记录和分辨粒子的能力，满足了核数据测量实验研究的需要，创造了我国核乳胶制备、应用的多个第一次。他还和同事们建立了测量快中子能谱的多种方法，精确测定了铀235的热中子裂变截面及若干轻核反应的截面与中子能谱，澄清了某些数据分歧，为我国原子弹、氢弹研发提供了重要支撑，在我国核威慑力量的建设中做出了突出贡献。

　　20 世纪 70 年代末 80 年代初，"破解中微子质量之谜"成为国际核领域基础研究的热潮之一。彼时，正是我国刚刚步入改革开放，把工作重点转移到经济建设上的初期，也是基础研究受冷落的时期。他不畏困难，凭着一股追求科学的热情，四处奔走呼号，愣是组织起一支精干研究队伍，用十分有限的自然科学基金经费支持开启了中国科学家"破解中微子质量之谜"的研究工作。他带领研究团队因陋就简，东拼西凑，构筑起开展实验研究的基本条件，凭借他深厚的基础知识功底，以及从恩师何先生等老一辈科学家那里继承过来的严谨求实的治学理念和敢打敢拼、团结奋斗的团队精神，以蚂蚁啃骨头的毅力，一点一滴、一步一个脚印地推进研究，在世界上首次发现了低能区也存在准自由散射的现象。经过深入研究，缜密的论证，他提出将中、高能区的准自由散射过程推广到低能区的研究思路。他的团队按照这一思路，进行了一系列复杂而严谨的实验研究，发现了铍8（^{8}Be）的氘—阿尔法—氘（D-α-D）链式准分子共振态，精确测定了电子中微子质量的上限，找出了国际上普遍存在的由贝塔（β）谱导出的、表现中微子质量平方为负数的可能原因。这一成果的发表，立即获得国际同行认可与好评，被收录于国际上的《粒子数据表》中，我国的中微子质量测量研究一跃跨入世界先进行列。取得这样的成果，他当然非常高兴，却并不满足。他说："我们只是实现了由'跟跑'到'并跑'的目标，我们的志向是要实现'领跑'！"

孙汉城（左二）与同事讨论实验数据

就在他踌躇满志，准备向中微子质量研究的"珠穆朗玛"冲锋时，院里的一个决定改写了他的后半生。

20世纪80年代中期，同其他各行各业一样，中国核工业迎来史上第一次大规模的改革。根据党中央国务院的部署，核工业部改制为中国核工业总公司。1988年10月，中国核工业总公司下发了《中国核工业总公司深化科技体制改革四个文件的通知》，明确将大幅度减少事业单位的事业费拨款，要求原子能院将享受事业费拨款人数由 1987 年的 4490 人，至 1990 年减少到 2100 人，其差额由原子能院的横向收入解决。院里经过反复深入的研究，出台了一系列改革措施。其中重要的措施之一就是成立核技术应用研究所（简称核技术应用所），整合全院具有潜在应用前景的课题，加大研发力度，生产适销、对路民用产品，创效益、稳队伍、求发展。这么重要的一件事情，由谁领衔？事关重大。院党政联席会议经过深入酝酿，反复斟酌，最终选择了孙汉城先生。大家认为，他学识渊博，知识面宽，知悉核和核可转化民用的方方面面，对院里拟整合的业务领域了如指掌，且具有求新求进的开拓创新精神和吃得了苦、受得起屈的优良品德，加上他性情温和、为人厚道，做事不计名利得失，因此群众基础好、群众接受度高，有利协调各方力量开展工作的有利条件。但彼时，他所领衔的"破解中微子质量之谜"的研究已跻身国际水平，是世界上仅有的几个顶尖团队之一。受命核技术应用所所长就要放弃中微子的研究，意味着放弃有可能登顶这一研究领域高峰的可能。这对一位科研人员来说是很难舍弃的。因此，院里责成时任院长的孙祖训同志先跟他谈谈，做做动员工作。某天下班前，孙院长把他叫到办公室，他俩从中国核工业总公司的调整改革，中微子测量，核技术应用，谈到原子能院的"保军转民，二次创业"，谈了很多，一直聊到深夜。孙院长强烈地感受到他对基础研究充满激情，很不愿意放弃前景诱人且充满挑战、有可能摘取科学桂冠明珠的中微子研究。但让孙院长感动的是，他当场表示可以服从组织安排，愿意为院分忧，放下心爱的、轻车熟路的基础研究，转向民品开发新战场，把自己的后半生献给核技术推广应用。

就这样，他放下了干得风生水起的基础研究，跨入核技术推广应用的战场。

我所在的 7 室离子束分析组、中子活化分析组、核效应组和 2 室核乳胶组、加速器质谱组与核固体径迹组成建制地调整到新成立的核技术应用所，成立了新的 1 室。由于我的外语能力水平还过得去，协助核物理部王大海主任成功举办过国际原子能机构在我国举办的第一个国际培训班，并在核物理部兼职做过外事等办公室管理工作，因此在核技术应用所办公室组建不久，他找到我说："核技术应用所的外事不会像核物理所那样多，但对外交流也还是有一些的，需要有人做这方面的事情。我们觉得你比较合适，全职也好，兼职也行。"经过一番分析讨论，我选择了兼职。核技术应用所创建初期，办公场所十分紧张，所办公室的房间怎么排布都再难安排一张我的办公桌，于是我就被安排与他同坐一个办公室了。这给了我一个与他近距离接触的良好机会。近距离与他相处，进一步加深了我对他的了解。他爱书如命，求知欲极强；他痴迷科研，一旦谈起科研课题，总是滔滔不绝，乐此不疲；他精力旺盛，行走匆匆，在他的字典里从来找不到缓慢二字；他包容厚道，乐于助人，相信他人，提携后人，在他的眼里，人人都是好人、个个都是有用之才，那些因这样那样原因落实不了工作岗位的人，一旦找到他，他都会收在麾下，安排适合的工作。说来也奇怪，那些被大家认为是刺儿头、"熊人"，凡事斤斤计较的人，到了他那里绝大部分都表现出洗心革面的状态，有的还做出较好成绩。他乐于提携后人，敢于给年轻人压担子，培养了不少科技才俊。20 世纪 80 年代中期，原子能院向伊朗出口了一台稳定同位素分离器，并且完成得十分漂亮，成为南南合作的典范。直到今天，想起这件事，我的心情还是非常激动。那是因为在该项目谈判阶段发生过一个小小的故事，就发生在伊朗外宾即将来院进行首轮商务技术谈判的时候。就在距外宾要来院谈判不到一周时，事先安排的翻译因故不能参加谈判了。虽说原子能院不乏外语好的人，但既了解业务、外语又好的人却为数十分有限，且准备时间不足一周，找人极其困难。因此，作为负责本次谈判外事工作的我一下子就急眼了，风风火火地找他汇报，讨教应急办法。万万没想到的是，他却不急不火，笑嘻嘻地跟我说："你上吧，你的英语还可以嘛，准备准备应该能应付得了。"我说："诸如项目相关的土建、商务词汇不够呀！"他却说："问题不大，抓紧这几天时间，向杨工（杨遂春）、李工（李公攀）、老苏（苏世俊）讨教讨教，积累一下词汇，辛苦辛苦，努努力，相信你能完成任务。"后来我才知道，老孙就是这样的一个人，不管遇到多么难的事，他都能迎难而上，努力完成。在核乳胶研究过程中，碰到了近 20 篇法文文献，当时一下找不到法语翻译人员，他就硬着头皮、夜以继日地自学法文，一点一点地把这批文献给"啃"了下来，为成功研制电子灵敏核乳胶发挥了关键作用。在他的鼓励下，我疯狂地恶补了几天相关词汇，硬着头皮充当了这次谈判的翻译，虽说碰到不少困难，但在同志们的共同努力下，最终比较顺利地完成了谈判任务。这次任务的完成，让我收获颇丰，得到了意想不到的锻炼与提高。在诸多收获中，最重要就是自信心的提升。从那时起，这种自信心一直伴我前行，从年轻到年老，从国内到国外，成就了我大事小事若干。

组建核技术应用所，虽说不算白手起家，但毕竟是一个单位的初创时期，调整重组的任务相当繁重。课题的增减，人员的调整，小团体利益、个人利益的冲突，矛盾重重，事务繁杂。这些专业知识之外的事务工作，对于干了 30 多年基础研究工作的他而言，起初还真有点招架不住的感觉。好在他善于总结，勇于创新，努力进行角色转换，较快地取得了突破。这时的他，仿佛成了一名政工干部，成天沉浸在家访、谈话做思想工作，开会讨论统一思想的工作氛围中。功夫不负有心人，经过一番努力，在院领导的大力支持下，他比较快地完成了全所业务的整合，初步形成"以核为主，多种经营"的良好局面。这时，他趁热打铁，发动群众，集思广益，提出了原子能院核技术应用"四把伞"的发展思路——重点发展核辐照、活化分析、小型加速器开发应用、核测井等核技术应用的四个方面，像打开的伞那样扩展、应用到国民经济的多个领域中。

要重点发展的这四个领域中，核辐照和活化分析两个领域的基础较好，并且具有一定市场，已具备创造一定经济效益的能力；小型加速器开发应用也有一定的基础，既有一定的人力资源，也有较好的实验设施；最难办的是核测井这个领域，几乎没有什么家底，"软的""硬的"都要从头开始。怎么办？他迎难而上，开始了一边组建队伍，一边搭建实验设施，一边开辟市场，艰难前行。由于一时找不到能够驾驭这摊业务的合适人选，他便挑起了核测井室主任的担子。在长达数年时间里，他多次带领科技人员深入油田现场，举办讲座讲解射线技术的性质特点、社会生产实践中的应用案例、普及核科学技术知识；与工人座谈聊天，了解油井勘测的现实、存在的问题以及他们的迫切需求，与采油工人和技术人员一起搞技术研发。当时的油田条件极其艰苦，住宿、办公条件十分简陋，作业现场更是一片荒凉，他却全然不顾，一待就是几十天。在现场的日日夜夜，他同油田工人一起摸爬滚打，晴天一身汗，雨天一身泥，深入油田勘测工作的每一道工序，了解油田勘测的规律特点，记录每一个细微变化，适时组织、开展研讨。一旦达成共识，便迅即传递给后方，研发人员则马不停蹄地开展实验验证，以实验验证的新成果不断补充完善研发方案。就这样，用了不太长的时间，他们研制出了中子寿命测井仪样机。油田试用表明，中子寿命测井仪性能良好，具有很好的适应性。初战告捷，"四把伞"中最难撑的一把伞也打开了，他很是高兴，但也十分清醒，知道这只是万里长征迈出的第一步。要想把这把伞撑大，打造成原子能院核技术应用的一项支柱产品，就需要得到市场广泛认可。在深入审视我们的中子寿命测井仪后，发现我们的中子寿命测井仪虽然在适应性等方面具有良好的特性，但整体工艺比较复杂，检测样品中的表征指示物添加量偏多，成本不够理想。于是，他组织了针对这些问题的技术攻关。他发现在我国东部油田的勘测中，样本中添加硼的方法，不仅添加量大，而且施工工艺复杂，成本太高。如果能找到一个替代硼的元素做添加物，达到减量、简化、减成本的效果，不就可以提升中子寿命测井仪的市场竞争力吗？他那深厚的核基础功底又一次发挥了威力，经过反复分析比较，他提出了用钆代替硼的方法。经过实验室的小样验证后，进行了油田实验，取得很好的效果。由钆替代硼，添加量减少到原来的百分之一以下，施工工艺大大简化，成本大幅降低，受到油田的热烈欢迎，得到广泛推广应用，产生了良好的经济效益和社会效益。

孙汉城在油田现场开办讲座

1987 年 11 月 14 日第一届理事会第三次会议与会人员合影

在此期间，他所领导的核技术应用所还研制出荧光分析仪、厚度仪、黄金成色仪等一批很受市场青睐的核分析测试仪器。黄金成色仪还出口到新加坡、印度尼西亚等国家。在电子束和伽马（γ）辐照技术方面，改造了几台加速器，建造了钴 60 伽马辐照装置，开展了医用产品消毒灭菌，食品保鲜，高压电缆、晶闸管等来料辐照加工业务，开拓了核技术应用所又一个可产生经济效益的领域。非核项目也有良好表现，具有代表性的是为国家重点项目"正负电子对撞机工程"的重要组成部分——"北京谱仪"研制的螺线管线圈。该项目的各项指标都达到了世界先进水平，既为新生的研究所创造了经济效益，又为它闯出了品牌名声。

经过几年的拼搏奋斗，他所倡导、开创的重要项目都有了一定的进展，有的已形成一定规模，产生了良好经济效益和社会效益，实现了任期目标。当他把接力棒传给下一任所长后，并没有产生"船到码头，车到站"的思想，而是仍然成天泡在核技术应用研发和推广的海洋中，继续劈波斩浪，奋勇搏击。

由于他名声在外，退休后，常有一些已涉足或准备涉足核技术的民营企业上门请他出山，或委以重任或给予重金，他都不为所动，一心只为核技术的推广应用。只要有人找上门询问有关核技术应用的事情，他准是热情接待，倾心相告，毫不保留。得到他帮助的个人和企业数不胜数，在他的指点下获得成功的企业也不是少数。每当听到或看到一项核技术得到应用，无论效果大小，他都十分开心。为了更好地实现自己的创意想法，他创办了一个经济实体——北京深鸣远科技开发中心。一批原子能院离退休的能工巧匠聚在他的麾下，开展了旋转伽马刀的物理设计，中子瞬发伽马煤成分分析仪、中子发生器的研制，核四极共振与中子瞬发伽马法检查炸药、毒品等违禁品的方法研究与装置研发等，取得了一系列成果，获得多项专利和省部级科技奖励。

孙汉城先生在山西师范大学主办的第一届
中日核乳胶研究及应用研讨会上做报告

孙汉城先生在"纪念四分裂发现69周年研讨会暨《何泽慧传》
及《何泽慧文选和纪念文集》新书发布会"上即席发言

孙汉城先生主持山西师范大学硕士研究生毕业答辩

我所认识的张宗烨
——庆贺张宗烨院士米寿

厉光烈

（中国科学院高能物理研究所）

在我国核物理理论界，有些女科学家，不仅比她们的丈夫强，比包括我在内的许多男同事都要强，张宗烨院士就是其中最为杰出的一位。1966 年，我从南京大学研究生毕业后，被分配到中国科学院原子能研究所一部（中关村），即现在的中国科学院高能物理研究所（简称高能所），她是第一位指导我做科学研究的，也是为数不多为我所钦佩的学者。值此张宗烨院士八十八岁华诞之际，特以文庆贺。

张宗烨院士

百忍张姓一才女

大师季羡林在《季羡林谈人生》一书中讲过一个故事：唐朝有一个姓张的大官，家庭和睦，美名远扬，一直传到了皇帝的耳中。皇帝赞美他治家有道，问他道在何处，他一口气写了一百个"忍"字。意思是，家庭成员要互相容忍，才能和睦。后来，农历新年贴春联，只要看见门楣上写着"百忍家声"就知道这一家一定姓张。在中国，张是大姓，无论是在古代还是现代，张姓当大官的、声名显赫的，比比皆是，生前或死后的遭遇或处境甚为悲惨的也为数不少。不幸，张宗烨家的遭遇也名列其中。

其父张东荪，著名哲学家、社会活动家，中国民主同盟创始人之一，曾为和平解放北京做出过重要贡献，是新中国首届政府四十名委员之一。在抗美援朝战争前夕卷入"美国特务案"被关进监狱，于美国总统尼克松访华后瘐死狱中。她的母亲吴绍鸿是大家闺秀。我的小女儿出生后，无钱雇保姆照料，我们夫妇上班时，便将女儿锁在房里。当时，我们住在筒子楼里，就在张宗烨家隔壁。有一天，她妈妈对我说："我年龄大了，帮不上你们的忙，但是，你们可把钥匙交给我，孩子哭时，我可进去哄哄她。"其时，她已年逾古稀，这番话让我们感动不已，终生难忘。她的大哥张宗炳，北京大学教授，一位有独到见解的生物学家，与父亲一同入狱，后患了幻听症，出狱后，1988 年于家中病故；二哥张宗燧，中国科学院数学研究所理论物理研究室主任，是一位统计物理学家，也是与胡宁、朱洪元齐名的粒子物理学家，在"文化大革命"中自杀身亡；三哥张宗颖，因年轻时曾在美国联合通讯社工作，"文化大革命"前夕，夫妇同时自杀。张宗烨家的遭遇，可以说是"百忍张姓"的一个注脚。

张宗烨（右二）与她的三个哥哥在一起

1993 年至 1994 年间，高能所理论物理研究室召开春节联谊会专门招待曾在该室工作过的老同志。中间休息时，何祚麻院士曾对张宗烨说，你分配来所时，因你爸爸的关系，对你一直是"内控使用"，我们可是大大地保了你。当时，因她二哥的关系，所里老同志对她都很照顾；后来成为"中国氢弹之父"的于敏就曾是她二哥的研究生，张宗烨、余友文夫妇就被当时的所长、两弹元勋钱三强安排在于敏和邓稼先负责的理论物理研究室核组，由他亲自带张宗烨研究原子核理论，为张后来独立从事科学研究打下了坚实基础。那时，核组人才济济，张曾对我说过，他的群论就是跟邓稼先先生学的。钱先生一直对张很关照，曾当面对她说："张家的人，没有不聪明的。"

带我走上科研路

我研究生毕业从南京大学分配到中国科学院原子能研究所一部理论物理研究室核组，当时核组组长就是张宗烨。让我感到幸运的是，在南京大学，我的研究生导师是居里夫人的中国弟子施士元先生；来到中国科学院，带我走上科研路并发表第一篇论文的是当时在核物理理论界已相当出名的张宗烨院士。

1975 年，邓小平同志主持工作以后，科研工作得到了部分恢复。上级领导让我们所筹建高能所，核组的研究方向也要由"低能"转向"中高能"。组里人都在调研张文裕先生早年在美国发现的 μ 子原子，我也参与其中。这时，张宗烨却让我把注意力转向实验上刚刚发现的 Λ 超核激发态，随后，我们便开始了 Λ 超核激发能谱 SU（2）×SU（3）多重态群分类的研究。

考虑到 Λ 超核与普通原子核的差别就在于除了中子和质子外还多了一类粒子——Λ 超子，张宗烨想到将核谱学中 E.P. 维格纳（E.P.Wigner）的 SU（2）×SU（2）群分类推广为 SU（2）×SU（3）。她带着我，用群论方法对 Λ 超核激发能谱进行了研究，发现了 Λ 超核 $^{9}_{\Lambda}$Be 和 $^{13}_{\Lambda}$C 分别具有[5]和[54]超对称结构的激发态。这是普通原子核所没有的，我们当然很感兴趣。但是，当时我们国家与国外基本没有学术交流，更不可能期待我们的预言能够得到国外实验的验证。幸运的是，1975 年，中国与联邦德国建交后，海德堡大学核物理学家许夫纳（Hüfner）教授于 12 月来我所访问，所领导安排张宗烨向他报告超核方面的工作，他听了以后很感兴趣，在回国的路上给所里的领导写了一封信，大意是说，我们的超核工作有很高的水平，国际上超核物理专家 A. 盖尔（A.Gal）等也有类似的想法。收到信以后，领导要我们赶快写成文章送去发表。当时各种学术期刊都处于半停刊状态，我们的稿子算是特批的加急稿件发表在《物理学报》1976 年 2 月的那一期上，与 A. 盖尔等发表在《物理学快报》上的文章几乎同时刊出。张宗烨告诉我：朱洪元先生将我们的论文推荐给《物理学报》时要他们"免审、快登"。1980 年，美国布鲁克海文国家实验室为 M. 戈德哈贝尔（M. Goldhaber）庆贺 70 寿辰，邀请张文裕所长提供一篇论文。根据朱洪元先生的建议，我们将上述文章扩展为包含更多内容的综合性论文，经张文裕先生推荐，后来发表在纪念 M. 戈德哈贝尔 70 寿辰的文集上。按字母顺序，我们的文章就排在杨振宁先生和他弟弟杨振平合写的文章后面。张宗烨还告诉我，当时她的英文不好，是朱洪元先生将我们论文的中文稿翻译成了英文。这样，我们的工作得到了国外同行的大量引用，特别是日本超核物理学家 H. Bando 对我们的工作给予了很高的评价。更幸运的是，1980 年美国布鲁克海文国家实验室在 $^{13}_{\Lambda}C$ 超核实验中观测到了超对称结构的激发态的存在。在"文化大革命"还没有结束、基础研究几乎全部停顿的情况下，我们能做出如此出色的工作，实在值得庆幸。1986 年，"Λ 超核激发能谱的 SU（3）群分类"获得了中国科学院科技进步奖二等奖。

张宗烨带我研究 Λ 超核期间，她确实做到了倾囊相授，不仅把多年积累的自己推导出的在工作中确实有用而书中没有的公式拿出来让我抄，而且及时把阅读文献时推导公式的详细过程写成工作报告让我看。向她学习，我也把研究过程中获得的有用公式和心得体会记录在一个精致的笔记本里，还及时地把阶段性的研究成果写成工作报告。这样，在工作结束时，只要把这些工作报告加以整理、精炼，论文初稿也就出来了。我从张宗烨那里学到的还不止这一些，就选题来说，虽然她那敏锐的物理直觉只能心领神会不能言传身教，但紧盯物理前沿、密切联系实验和偏重物理思想而不是数学技巧等原则，在我后来独立工作时，一直铭记在心。另外，由于 SU（3）群分类在粒子物理夸克模型中当时处理的只是 2、3 个粒子的系统（介子和重子分别由正反夸克和 3 个夸克组成），而我们要研究的 Λ 超核，以 $^{9}_{\Lambda}$Be 为例，满壳层外面有 5 个粒子（2 个中子、2 个质子和一个 Λ 超子），用 SU（3）群分类来处理这样的系统所要用到的同位旋标量因子、fp 系数等在文献中无法查到，全部需要我们俩自己推导、计算。张宗烨要我与她分别推导、计算，不时相互核对。鉴于波函数初始位相的选择是任意的，若我们俩选择的不一样，后面推导或计算出的结果将完全不同，因此，每当需要选择初始位相时我们俩必须取得一致。我在研究生阶段就曾因计算公式中错了一个正负号，导致做了两个星期的计算结果全部报废。正是通过上述工作，张宗烨扎实的数理功底，严谨的工作作风，以及在选题上敏锐的物理直觉和联系实验从事理论物理研究的原则给我留下了深刻印象，受益终身。

我跟张宗烨研究 Λ 超核那一年，是我一生中学术思想最活跃，日子过得最舒畅的一段时光。张宗烨也有同感。她说，能与我志同道合，不辞辛苦，还不怕受到批评地努力工作了一年，取得了可喜的成果，这完全是出于我们对核物理理论研究这份工作的兴趣和热爱，很值得珍惜。

历经艰辛终成"佛"

1979 年 5 月，国务院批准了中国科学院关于增补学部委员（1993 年 10 月改称院士）的报告；7 月，国务院批转了中国科学院增补工作报告和增补办法，增选工作随即展开。1981 年 3 月，增选学部委员名单经国务院批准后公布，共新增学部委员 283 名，使总人数达到 400 名。这是改革开放以后第一次增补中国科学院学部委员，朱光亚、于敏、周光召、朱洪元和何祚麻等都是这一次增选的学部委员。

对于在科技领域工作的人来说，学部委员是我国最高的学术荣誉称号，稍有成就的人都想搏一搏。张宗烨当然也不例外，况且，她的二哥张宗燧就是我国第一批学部委员。刚开始得知这个消息的时候，她没有怎么动心，因为她认为自己并不是最优秀的，一批对国防建设有贡献的人显然应该优先入选，况且她自己的政治条件也不够好。但是，出乎她的意料，在所里第一次开会投票推荐候选人时，她就被选上了。后来听说，在院里推选候选人时，她也过了关。这件事让她萌生了"要争一把"的念头。她下定决心要努力做出一些系统性的好成绩。当时，她刚从德国图宾根大学合作访问回来，就想把在国外应用线性σ模型研究核子-核子相互作用的工作推广为手征 SU（3）夸克模型，这样不仅使模型的理论基础更合理，还可以联系更多的低能散射实验，特别是，可以对核子-核子散射与核子-超子碰撞做一个统一的描述。她让数理基础好的余友文做了模型的推广工作，还与沈彭年指导学生和博士后做了大量的联系实验的计算工作，在同一套参数下，取得了符合实验的结果。在此基础上，他们又研究了多个双重子态的结构。这些有意义的成果在学部委员的增补推荐中都起到了重要的作用。

学部委员的选举历来都是竞争很激烈的，因为名额很少，每两年数学物理学部只增选 10 人，分到粒子物理和核物理学科只有 2～3 人，因此是很难的。当时有三个推荐渠道：单位推荐、学会推荐和由三位学部委员推荐，而且纪律比较严明，不允许自己去"找"推荐人，只有吴式枢先生一直积极推荐张宗烨，她很难遇到另外两个人。于敏很想推荐她，但是，九院有规定，只能推荐本院的人。所以，张只能依靠单位推荐和学会推荐这两条路。幸运的是，她几次都得到了中国科学院和中国科学技术协会的"双推荐"。

张的入选可以说历经艰辛。记得有一次，在她和余友文的办公室里，我们一起谈论这件事。我建议，请曾留学丹麦哥本哈根大学尼尔斯·玻尔研究所的杨福家帮忙。A. 玻尔（A. Bohr）来华访问时，杨是英文翻译，他从容、潇洒的做派给我留下极其深刻的印象。当时，我对学部委员的增补知之甚少，以为他早就是学部委员了。为此，我建议请杨帮忙。张找了杨福家，杨回答说："你抬举我了，我若是，一定推荐你，但我不是。"原来，1980 年增补的 283 名学部委员中不包括像杨福家这样的新中国成立后培养出来的年轻学者，而且在那次增补以后，由于在学部委员改为院士这个问题上存在分歧，学部委员增补工作暂时停了下来。一直到 1991 年，才正式决定继续增补。这一次，杨被选上。后来，杨福家真的兑现了他的诺言，推荐了张一次，可惜那次张没能入选。

当时张在核物理学界还是有点"人气"的，这主要是不少人知道她是于敏的好学生。还有，1975 年，她与我合作的超核工作受到了张文裕所长和朱洪元先生的好评；改革开放以后，又受到钱三强副院长的重用，负责于 1981 年在北京组织了"核物理国际讲习班"，助推了我国核物理研究领域与国际的联系。再有，就是她积极组织学术会议，并在国内外学术会议上介绍他们在夸克模型方面的工作，表现出她活跃的学术思想。

张宗烨（右二）在于敏先生（右一）家里

然而经过几次落选，她有些灰心，是吴式枢先生一直鼓励她继续争取，1999 年的那次增选，除了吴先生以外，她得到了所里的方守贤院士和冼鼎昌院士的大力推荐，据说于敏和何祚麻也在会上支持了她。真是不容易，这次她终于过了关，成为我国核物理理论界同龄人中第一位当选的院士。

张宗烨评上院士后，我立即想起当初组里同事邢玉国给她起的绰号——"老佛爷"。对于中国科学院的精英来说，能评上院士，那就是修炼成"佛"了。当时邢玉国为何会给她起这样的外号呢？我想，那是因为，于敏和邓稼先调离后，核组在核结构方面一直是她说了算。这次采访她，谈起此事，她告诉我，那是一个玩笑而已。因为于敏离所前对核组挂靠的一室的党支部书记季承有所交代，由张负责核组的工作；另外，于敏每周回来一次也只是向她布置工作和会见他的研究生。实际上，于敏的研究生一直是张宗烨帮他照顾的。

　　张宗烨评上院士后，在院士大会上，她经常遇到她二哥的朋友、学生和自己北京大学的学长。他们常会对她说，像她这样家庭出身的，居然能闯过一浪又一浪，还当上了院士，实在不可思议。这次我与她谈及此事时，她告诉我，这里有她自己的努力，也有我说的"坚忍"，但是更重要的还是机遇，特别是钱三强、于敏和吴式枢等老先生的支持和所里张文裕所长、朱洪元副所长等多位领导的关照。

为她而生另一半

　　夫婿余友文，是张宗烨在北京大学物理系读书时的同班同学。1952 年，张在贝满女中毕业后考上北京大学物理系。因系里女同学少，张宗烨大部分时间是在与男同学交流。开始时，她不太习惯，后来感到与男生讨论很有启发性，与他们讨论更加活跃了她自己的物理思想。张与余读的都是理论物理专业，他们就是在相互讨论和学习中相识相爱的。因张的二哥张宗燧是著名理论物理学家，当时名气很响，张的同学中因想拜在她二哥门下而接近她的不乏其人，她之所以选中余，主要是因为余为人忠厚、学习勤奋。当时，张的父亲已经出事，她需要找一个能够同甘苦、共患难，可以托付终身的人。张的选择没有错，爱憎分明、疾恶如仇的余友文，终其一生，为了维护张宗烨的权益可以豁出命去。

张宗烨、余友文夫妇在宜昌

　　"文化大革命"初期，因张是核组的"头"，唯一的"反动学术权威"，核组的大字报几乎都指向她。当造反派要余友文在批判张的大字报上签字时，我亲眼看见：他总是战战兢兢地把大字报逐字逐句地看一、两遍，然后，犹豫再三才把名签上，至今我都难以忘怀他签字时那颤抖的右手。

　　余友文数理基础扎实、科研功底深厚。我进组时，他在核物理理论界已相当出名，但是，无论在组内还是外出开会，他从不抢张的风头，从不给张添麻烦。记得，1982年，在桂林开会，他想会后顺便去索溪游玩，本来让作为会议组织者的张向东道主广西师范大学的工作人员提一下就行了，他却让我去说。他是处处都为张着想，避免给张造成不好影响。

　　为写这篇文章，我多次与张宗烨交流。每当谈及余友文，她都会说，他是生活上的好老公、工作中的好伴侣。每次都让我感受到，谈话时的她正在享受一般人体味不到的幸福和满足。她告诉我，他们俩为讨论学术问题，在家里常常争辩得面红耳赤：她比较感性，总是凭直觉抢先提出自己的创意和想法；余比较理性，经常依据逻辑推理指出问题的所在。然而经过一轮又一轮的讨论、争辩，最终往往还是证明张的物理直觉是对的。这时，他们俩便会一起把这个想法完善成模型或理论。特别是在"文化大革命"初期，每次张宗烨在单位接受批判后回到家里，余友文已经做好可口的饭菜。余对她无微不至的关怀，使她感到无比温馨。在我与她的谈话中，她竟用我从未听说过的"心见心"来形容那段时间他们之间的关系，我赶忙把这个陌生的用语记录下来。

　　下放五七干校期间，有段时间，余友文随大部队搬迁去钟祥，张宗烨带着儿子留在原驻地丫角，这是张、余结婚以来难得的分居两地。当时，我因领导让我查采购和会计的账，也暂时留在丫角，见到她常给余寄信，曾开玩笑地对她说，每天一封，风雨无阻。这次采访，谈及此事，她解释说，是天天写，但不是每天都寄。她还告诉我，出访德国图宾根大学时，也一样，天天写，但不是天天寄。可见，他们之间每天都有知心话要说。

　　余友文支持张宗烨的工作可以说是操碎了心。1999年，张宗烨当选院士之后，他虽然已经退休，但他仍然与张在一起努力工作。不幸的是，他于2011年患上了肺癌，过早地离开了他一生小心呵护的爱妻。余去世后，有很长一段时间，张在感情上缓不过劲来，但是，只要她想起与余友文共同生活、一起工作的美好时光，就会幸福地沉浸在对往事的回忆之中。

最后，让我用一首宝塔诗来概括我所认识的张宗烨院士：

她

坚忍

脑子快

出身名门

确有真学问

能够倾囊相授

潜心钻研核理论

历经艰辛终成院士

走出阴霾迎接新时代

缅怀我的老师楼南泉院士
——纪念楼南泉院士诞辰 100 周年

王秀岩

（中国科学院大连化学物理研究所）

载人航天，探月工程，长征系列运载火箭……，我国已成为名副其实的航天大国。在我国航天事业的发展历程中，有千千万万的科学技术工作者默默地做出了他们的奉献。其中有些人，虽然他们的工作很少见于报端，但是他们的工作是至关重要、不可或缺的。在这些人中就有我尊敬的老师、中国科学院大连化学物理研究所（简称大化所）的楼南泉院士。

1977 年我国恢复研究生教育制度，我有幸考上大化所研究生，师从楼南泉老师。跟着楼老师我走进了刚组建的我国第一个微观反应动力学研究室。在老师指导下，我完成了学业，并继续与老师一起，为发展我国的分子反应动力学工作了 30 多年。

楼南泉老师作为我国著名物理化学家，一生都在为我国科学技术的进步不懈努力，他与合作者共同主持和承担了水煤气合成液体燃料的研究；为发展中国航天事业，20 世纪 60 年代他参与主持了固液火箭推进剂的配方和燃料的研究；他是我国分子反应动力学的研究领域的开创者。他的爱国爱党情怀，对科学研究一丝不苟的精神，给我留下了难忘的印象，是我终身学习的榜样。

立志报国的年轻人

楼南泉老师 1946 年毕业于重庆中央大学化学工程系。1949 年新中国成立前夕，他响应共产党的号召，26 岁的他毅然决定远离江南家乡，北上大连，到新中国创立的第一所多学科大学——大连大学（今天的大连理工大学的前身）应聘。

让楼老师十分难忘的是从南方前往大连的一路艰险。1949 年 7 月 27 日，在党组织的安排下，楼老师与其他几位报名应聘大连大学的来自南方的知识分子，辗转前往已经是解放区的大连。当他们在上海火车站准备出发时，突然遭遇敌机向火车站扫射，场面十分紧张、恐怖。到天津后，他们换乘开往大连的火车，不巧火车行驶到锦州附近的大虎山车站时又遇上了台风，铁路中断，一行人只好乘火车又返回天津，改乘一艘小型机帆船，经海路前往大连。海上风急浪高，小船上下左右激烈颠簸，他们都难以忍受，不时地呕吐。经历了一个多月的艰辛旅途，终于在 9 月 5 日到了大连。

在大连，在从四面八方来的众多应聘者中，楼老师被分配到大连大学科学研究所（今天大化所的前身之一）工作。这个研究所始建于日本侵华时期，原名"南满洲铁道株式会社中央试验所"，曾经被当作日本帝国主义掠夺东北资源的"参谋部"，1948 年由旅大市人民政府接管。当时这个研究所拥有相对先进的仪器设备，大量的图书资料，齐全的化学试剂，还有著名物理化学家张大煜教授担任该所副所长。楼老师对这个科研环境很满意，认为自己找到了实现人生目标的理想之地。从此他在大连这块土地上为振兴中华、发展祖国科学技术奋斗了半个多世纪。

一切为了国家需要

楼南泉老师那一代中国知识分子，亲身经历了国家饱受列强欺辱，日本殖民统治，国家分裂，民不聊生，贫穷与落后，在民族灾难中他们铸就了一种坚守的精神，即一切为了振兴祖国，以身许国的崇高情怀。在他的近 60 年的科学家生涯中，他的每一个研究方向、每一个成就的取得，都与国家的需求紧密相连。

　　楼老师初到大连时，正值新中国刚刚成立，石油生产远远满足不了国家经济建设和国防的需要。20 世纪 50 年代初，在陆相生油理论的发展和大庆油田发现之前，我国石油严重依赖进口，而国际上对中国的经济封锁，使石油资源成为限制中国恢复和发展经济的严重阻碍。年轻的楼南泉急国家之所急，与张存浩、王善鋆等科学家一起，在张大煜副所长带领下，为解决国家石油燃料短缺问题，共同主持和承担了水煤气合成液体燃料的研究。这是一项高难度而且意义重大的项目。经过几年的努力，他们完成了实验室阶段的研究目标，并进行中试放大试验，直至建成工厂、放大试验，并获得试运行成功。他们研制的催化剂的性能超过当时世界同类催化剂，设计的流化床反应器放大效果十分理想，在直径为 628mm 的工业单元反应器中达到了实验室的效果。这是当时的一项重大技术成就，此成果获 1956 年中国科学院自然科学奖三等奖，相应的研究论文被美、德、英三国核心学术期刊接受并公开发表。后来，由于大庆油田等油田的发现和开发，我国石油供给状况大为改善，这项成果转而成为一项重要技术储备。

为中国的火箭提供助推力

　　1957 年 10 月，苏联成功地把世界上第一颗绕地球运行的人造卫星"斯普特尼克 1 号"送入轨道，紧接着 1958 年 1 月，不甘落后的美国也将"探险者 1 号"卫星送上太空。面对航天技术的飞速发展和国际上的激烈竞争，中国怎么办？中国科学家建议中国也要研制和发射人造地球卫星，中国科学院义不容辞承担起了自主探索发展人造卫星之路。

　　要把人造卫星送入太空，一个迫切的问题是要有火箭的高能燃料，大化所接受了开展高能燃料和火箭推进剂研究的任务。临战受命，楼南泉老师很快将研究课题转向火箭推进剂，和张存浩、顾以健、顾长立等几位科学家承担了这项重要任务。楼老师参与并主持了"固液火箭推进剂的燃料和配方"项目，他和同事们找资料、反复试验，克服了各种困难，研制出"过氯酸甲基六次甲基四胺"推进剂。此后，又实现了中间放大以及 240mm 直径药柱生产流程；还探索了真空除气、常压浇铸等新工艺。经过反复试验验证，使用了新型推进剂的发动机可以正常工作，并成功地进行了地面模拟高空点火试验。这项成果荣获了中国国防科研荣誉奖章。

开创分子反应动力学研究领域

"文化大革命"时期，楼南泉老师也遭遇冲击，受到不公平的待遇，一度离开科研工作岗位，但是他仍然关心着自己所熟悉的物理化学学科进展。当时在国际上已经开展了利用激光和分子束技术研究粒子单次碰撞的反应动力学研究，而分子动力学理论计算也在快速发展。在我国，分子反应动力学却处于空白，远远落后于国际先进水平。

1978 年，"科学的春天"到来，楼老师准确地观察到，分子反应动力学已经成为当时国际上备受重视的新学科，成为化学科学的理论前沿，是未来预测化学反应和控制化学反应的理论基础。在全国科学规划讨论中，他与张存浩、何国钟等科学家率先倡导在国内开展分子反应动力学研究。也就在这一年，在楼老师带领下，大化所成立了我国第一个微观反应动力学研究室。

这是一个全新的课题，一切要从零做起。缺少各种实验仪器设备，尤其缺少激光器和计算机，这状况大家开玩笑地用"十几个人来七八条枪"来形容。办公室也不够用，楼老师就和两位同志共用一个十平方米的房间；还有一些同志没有办公桌，就到会议室看书。受"文化大革命"影响，没有人涉足过所谓"脱离实际"的微观反应动力学，分子反应动力学实验研究的核心分子束技术，大家从来没有见过；很多人甚至连对量子化学的基础知识，如势能面、分子反应的非绝热过程等概念都感到生疏。面对空空如也的实验室，楼老师带领大家开始了艰苦的创业过程，他说，我们的微观反应动力学研究晚了二十年，没有退路，发展我国的微观反应动力学是我们物理化学科学工作者责无旁贷的使命。他又鼓励大家，我们经费不足，缺少仪器设备，但是我们不缺智慧，不缺吃苦和勤奋的精神；我们的优势是有团结合作、共同奋斗的集体。他教导学生，人生精力有限，选择了基础科学研究就需要安下心坐冷板凳，不能左顾右看。

楼老师用他的坚定信心和日日夜夜勤奋工作的精神，鼓舞着我和全室人员。面对一穷二白的初始状况，楼老师带领我们满腔热情地投入到科研创业中。当时在国内找不到一本有关微观动力学的专著，楼老师带领大家分专题边看文献边记录和讨论。他提出"边学基础边建设，利用业余时间学基础知识，8 小时之内建设实验室"。

万事开头难，实验室建立后面临第一个重要问题是，如何建分子束实验研究装置。这类实验装置在市场上是买不到的，需要根据研究对象来设计，而且在分子水平上观测反应过程比我们熟悉的宏观动力学要复杂得多，通常需要在真空环境进行，这使得实验设备制造工艺复杂而且需要大量经费。当时我国百废待兴，基础研究的经费不足，国家的工业和技术落后，科学仪器都依靠进口。我们计划建的第一台分子束反应装置，是用于研究金属与氧化剂的化学发光反应，如果设计一套全新的装置再加工调试，至少要一年多时间，而且数万元的经费也是一个不小的数。楼老师带领大家千方百计想办法，把其他研究室一台淘汰的真空镀膜仪器捡来，改造了真空系统，并用原有的真空腔体改造成反应器；缺少配套光谱测量仪器，就去借用；测量仪器坏了自己修，为此大家常常加班和利用节假日工作，不到一年时间，第一台分子束装置终于研制成功了。微观反应动力学实验室迈出了可喜的第一步，为后来多种型号分子束装置的研制积累了经验。

经过大约十年的努力，课题组掌握了分子束技术和相关激光技术，研制了各种新的分子束实验装置，培养了一批能设计科学仪器装置的人才，特别是系统地研究了金属原子的化学发光反应，使我国的分子反应动力学研究基础从无到有，并成为该学科国际大家庭中的一员。到 1987 年，在楼老师领导下创立的这个实验室所取得的研究成果获得了国家自然科学奖二等奖。

新领域快速发展

20 世纪 80 年代中期，我国实施基础研究国家重点实验室计划。为使我国分子反应动力学的研究尽快赶上世界先进水平，争取在国际上有更大的发言权，楼南泉老师奔波于大连、北京以及海外，向同行宣传本实验室的工作，交流分子反应动力学研究，争取各方面的支持与合作，终于使建立分子反应动力学国家重点实验室的理想成真。这个实验室是由大化所与在北京的中国科学院化学研究所联合组建，总部设在大连，楼老师任筹建组组长。

实验室在大化所建立了五台大型装置：通用型交叉分子束装置，分子束—表面相互作用装置，束源可转动的团簇实验装置，自由基反应动力学实验装置和时间飞渡质谱装置，为现代化分子反应动力学实验研究奠定了扎实的基础。

楼老师对科学技术领域的动态和进展有敏锐的洞察力。20 世纪 80 年代，当飞秒激光技术一出现，他就觉察到这一技术将会对分子反应动力学带来重要的影响。于是他积极推动发展我国超快化学研究，同时做了开展这方面工作的人员培训的准备，在大连配备了飞秒激光器和超快化学实验室。

楼老师除了组织和领导大化所的分子反应动力学研究外，还非常关注全国的分子科学的发展。在国家"七五"期间，他是国家自然科学基金委员会重大基金项目"分子反应动力学研究"的学术领导小组组长，组织国内几个主要的研究单位和大学出色地完成了这个项目，使我国分子反应动力学的研究水平有了较大提高。

从 1992 年开始，他又以首席科学家的身份主持国家攀登计划项目"态—态反应动力学和原子分子激发态"的研究工作，组织了国内从事原子分子物理和分子反应动力学研究的七个单位共同承担这项重要的基础研究项目。经过 4 年时间，这项研究取得了优秀成绩，在分子传能规律研究、原子分子理论、光谱和动力学等方面都取得了创新成果，在国际重要学术刊物上发表了 400 多篇论文，并出版了论文集。

倾心培养年轻一代

楼南泉老师非常重视人才的培养，他在步入古稀之年后常说的一句话是，希望在有生之年为国家多培养几个有用的人才。在 20 世纪 60 年代，楼老师就开始培养研究生，他的两名学生后来分别成长为化学激光和催化学科的学科带头人。楼老师指导的博士研究生中有 3 名获中国科学院院长奖。楼老师一生共培养了博士研究生 20 多名，硕士研究生 15 名。

1978 年楼老师领导开创微观反应动力学研究室之际，由于是全新的基础理论学科，急需青年人才尽快成长，他带领大家基于国内现有条件开展实验仪器的研制和高放能化学反应的研究，积累实验技术经验，同时培养研究生。

我在楼老师的指导下完成了"氧化锡化学发光反应的光谱和动力学"研究，1985 年通过博士论文答辩，是大化所在"文化大革命"后培养的第一个博士。楼老师在学业上对我们的要求十分严格，在论文选题时，楼老师指导我选择以可见光化学激光为背景的课题，认为这是很有科学价值的、有助于发现新的化学激光体系。在一个多月的查阅文献和调研期间，有很多所需的文献在所内图书馆都没有，他就利用出差或开会机会到外地查阅、复印。有一次我在《化学文摘》上发现了一篇关于氧化锡化学发光谱的文章摘要，对我的研究课题有很重要参考价值，由于当时杂志短缺，我联系不上作者，找不到原文。楼老师知道后竭尽全力联系国内各图书馆，一封又一封求助信发给国内外同行——那个年代还没有网络，在国内电话也是稀罕物，更不能指望国际电话，国内外交流和联系全靠写信。楼老师为我发了几十封信，终于在一个月后从美国寄来了文章复印本，解决了我的大问题。

记得在我完成博士论文的阶段，当时实验仪器缺乏，研究室仅有一台光谱仪，而大部分实验都要测量光谱，大家只好轮流使用，为了多取些数据，加班做实验是常事，楼老师就经常和我们一起工作到很晚，从实验设计、操作、记录到数据的处理和实验现象的解释都要一起讨论。有一次在光谱测量时由于电压不稳定，测量时出现了噪声，尽管可以从记录中区别出噪声，但是老师仍然不放过，坚持要重新实验。在我的博士论文审核过程中，楼老师花了很多时间和精力，可以说是一字一句地检查，对其中文字和标点符号的使用都要仔细推敲，在我的原稿中又找出了不少毛病。

楼老师要求我们做事要认真，要精益求精。记得在 1985 年我打印自己的博士论文，在那个年代各个单位还在使用油印机，我图方便就使用了所内的油印机，但油印质量不够好，字迹清晰度不均匀，还不能双面印。楼老师看了印出的论文后不甚满意，要求我重新印刷，又帮我联系了一家印刷厂，重新打字录入并采用胶印。

楼老师虽然严格要求学生，但自己以身作则，言传身教，对研究生的每一篇研究论文都要仔细审阅，从内容到文字做认真修改，对数据认真核对，一丝不苟。他处事的严谨和执着精神一直在鞭策着我。在他担任大化所所长期间，所内工作很多，他就利用周末时间为我修改论文，每次就会事先告诉我，让我待在实验室，这样如果他有什么疑问就方便和我讨论。楼老师用他的行动告诉我们，做科研经常不是 8 小时工作制，也经常没有周末。我随他工作、学习多年，更能明白他的科学成就和知识渊博不只是因为他极高的天分，更多来自他的异常勤奋。

楼老师除了科研外还有很多工作，很少有休息时间，可是他对学生关心从不缺席：有一位同志夫妻两地生活，他帮助联系调动工作；学生毕业找工作，出国学习、进修遇到困难，他都想方设法帮助解决。记得有一次我做实验必须连续进行，中间不能中断，从中午一直工作到晚八点还不能离开实验室，这时准备下班回家的楼老师看见我的实验室还亮灯，就来到实验室，当知道我还没有吃晚饭，就转身出去买了一包点心又烧了一壶开水送给我，他说："我来替你记录实验，你先吃点东西，饿时间长会不舒服。"看到楼老师熟练地记录着，和我身边的点心热水，我仿佛回到了父母的身边，我内心感到非常温暖，他是我崇敬的老师，也是我敬爱的亲人。

楼老师不愧为中国科学院优秀博士生导师。

一位优秀的共产党员

　　楼南泉老师对比在新旧中国的亲身经历，认识到并坚信只有中国共产党才能救中国，确立了要永远跟党走的信念，在 1959 年 1 月就光荣地加入了中国共产党。他坚持以共产党员标准严格要求自己，我经常听到他说的一句话是："我们都是党员，应该……"楼老师为人正直，做事光明磊落，对待重要的问题从不隐瞒自己的看法和观点，始终坚持实事求是的科学态度。在"文化大革命"中受到迫害时也从不向施暴者低头求全，而是坚持真理和实事求是，这一点深受全所同志的赞誉。

　　楼老师平时生活简单，平易近人，每天在实验室工作的时间比家里时间长得多。记得在 20 世纪 80 年代初设计分子束实验仪器时，为加快进程，他组织研究、设计人员和工人们一起讨论，在机械加工中有问题随时讨论解决。他对机械加工、设计都很熟悉，讨论中间休息时，他和工人师傅唠家常，有时还很熟练地取一小条卷烟纸，放上烟丝再卷成一头粗一头细的香烟，和工人们一起抽起来。中午也和大家一起在食堂吃午饭，边吃边讨论。工人师傅与他无话不谈，习惯地称呼他"老楼"。

　　楼老师一生参加过很多次国内外学术会议，通常学术会议后会组织一些游览活动，他几乎都缺席。1987 年我在美国加州做访问学者时，美国教授邀请他到实验室学术交流，希望能建立起更多交流和往来。教授让我来帮助接待楼老师，我非常兴奋，因为很快就能在美国与分别快两年了的老师相聚了。除了学术交流外，我计划请老师到著名的迪士尼乐园和拉斯维加斯游览，因两地距离我们所在处不远。可是楼老师在参观实验室时看得很详细，只对学术讨论兴趣很浓，最后在我的一再提议下，才留下半天时间到距离较近的迪士尼乐园看了一下。

　　1990 年楼老师患病住院治疗，时值分子反应动力学国家重点实验室建设的关键时期，他牵挂实验室建设，经常把我和其他同志叫到病房讨论工作。病情稍有好转，就急于出院。楼老师古稀之年后才学习使用计算机。对于古稀老人来讲，学习一件新事物并不容易，但是他从来不这样认为，不管他遇到什么样的计算机问题，他都要想办法弄明白，经常请教周围的学生和老师。他很快地就能熟练地用计算机处理数据、查阅信息和撰写论文。

楼老师八十多岁时，仍然每天坚持到办公室工作。每当我走进他的办公室，都可以看到他坐在计算机或写字台前。在那干干净净的桌上，有序地摆放着各种参考文献和待修改的文章——楼老师仍然精力充沛地探索着未知的科学世界。

楼老师 1991 年当选为中国科学院院士，曾任中国科学院学部化学部常委。他主持完成的研究工作先后获 1956 年中国科学院自然科学奖三等奖，1982 年中国科学院科技成果奖一等奖，1986 年中国科学院科技进步奖一等奖，1987 年国家自然科学奖二等奖和 1994 年中国科学院科技进步奖一等奖，1999 年中国科学院伟华科技奖金奖，2000 年度何梁何利基金科学与技术进步奖。

楼南泉老师于 2008 年 1 月逝世，他把自己的一生献给了中国的科技事业。

致　谢

衷心感谢赵复垣老师对本文的初稿提出多处改进建议。